NEWS

朱晓凯◎主编

# 新闻发布教程

安徽师范大学出版社
ANHUI NORMAL UNIVERSITY PRESS
·芜湖·

**图书在版编目(CIP)数据**

新闻发布教程 / 朱晓凯主编. —芜湖:安徽师范大学出版社,2021.1
ISBN 978-7-5676-4951-4

Ⅰ.①新… Ⅱ.①朱… Ⅲ.①新闻公报—中国—教材 Ⅳ.①G219.2

中国版本图书馆CIP数据核字(2021)第024241号

**新闻发布教程** 朱晓凯◎主编

责任编辑:王 贤 责任校对:晋雅雯
装帧设计:丁奕奕 责任印制:桑国磊
出版发行:安徽师范大学出版社
芜湖市北京东路1号安徽师范大学赭山校区
网 址:http://www.ahnupress.com
发 行 部:0553-3883578 5910327 5910310(传真)
印 刷:江苏凤凰数码印务有限公司
版 次:2021年1月第1版
印 次:2021年1月第1次印刷
规 格:700 mm × 1000 mm 1/16
印 张:13
字 数:140千字
书 号:ISBN 978-7-5676-4951-4
定 价:40.00元

# 引　言

近年来，改革开放逐步进入深水区和攻坚区，社会关系日趋复杂，面临诸多矛盾叠加、风险隐患增多的严峻复杂挑战，一些突发事件、公共安全、重大疫情等信息在发布时都容易引发重大舆情事件。随着网络时代的到来，我们已快速步入高度媒介化的社会，传播环境的巨大变化和公众对社会事务参与意愿的快速提升，给各级党委、政府高效、妥善地处置舆情事件提出了更高要求，舆情事件一旦处置不当，就有可能带来消极，甚至是负面的社会影响。

习近平总书记指出，要以制度安排把政务公开贯穿政务运行全过程，权力运行到哪里，公开和监督就延伸到哪里。新闻发布制度就是一种推进政务公开、社会治理和风险管控的行之有效的工作方式，它有助于将舆情处置与党委、政府的日常决策紧密结合在一起，从而大大提高施政水平和工作效率。

新闻发布制度源于西方。自19世纪初该制度在欧美等国出现后，迄今已走过了两百年的时间，西方各国相关的制度设计和法制保障均已日渐完善，在宣传政治主张、树立政府形象、引导社会舆论等方面发挥了重要作用。我国自20世纪80年代开始建立并明确新闻发布制度。2003年“非典”事件后，我国的新闻发布工作进入常态化。目前，我国已经建立起全世界规模最大、体系最为完善的新闻发布制度，这为各级党委、政府有效开展与媒体和公众的信息传递、意见交流，进而实现“立党为公”“执政为民”的目标提供了坚实有力的保障。

为进一步推进党委、政府发布权威信息，树立良好社会形象，展现强大执政能力，增强与广大人民群众的血肉联系，同时也为切实保障公众知情权，及时回应社会关切，有效清除矛盾隐患，积极引导舆情走势，在安徽省委宣传部、省政府新闻办公室的大力支持与资助下，本教材得以顺利出版。

希望这部教材的出版，能够给各级党委、政府部门开展新闻发布工作提供有益参考，同时也能为不断丰富、发展和完善党委、政府新闻发布制度起到一定的借鉴作用。

# 目　录

# 第一章

# 新闻发布的历史发展脉络

# 第一节
# 世界范围内新闻发布的历史进程

在古希腊神话中，有一位象征着迅速传播信息的女神——俄萨，古罗马人称她为“珐玛”，珐玛女神实际上就是代表诸神的新闻发言人。

据意大利史料记载，公元前59年，恺撒成为罗马共和国末期执政官。为限制元老院对其权力的约束，他要求，嗣后元老院工作的报告务须每日写出公布之，并指派专人将元老院会议记录、税收情况、自然灾害、军事信息等写在涂了石膏的木牌上，放置于公共场所，这被认为是世界上最早的新闻发布制度。

现代政府的行政事务日趋复杂多样，很难在所有政策问题上获得公众的一致赞同，来自各群体、各方面批评和反对的声音难以避免。一些西方国家的政府部门意识到，有效地开展新闻发布工作，有助于树立良好的政府形象，有利于更快地获得公众对政府政策的支持。如今，新闻发布已成为各国政府机关推动政务公开透明、建立社会沟通机制的一个有效渠道，政府举办新闻发布会已成为社会常态。

## 一、西方新闻发布的起源与发展

一般认为，现代新闻发布制度于19世纪初在美国产生。

据称美国第六任总统约翰·昆西·亚当斯（1825—1829年在任）喜欢游泳，一位名叫安妮·罗亚尔的女记者希望能够单独采访他，却一直苦于没有机会。一天亚当斯总统在河里游泳时，罗亚尔尾随来到河边。她快步上前，坐在了亚当斯总统的衣服上，并提出要进行现场采访，声称假如亚当斯总统不同意，她就会一直坐在他的衣服上。双方僵持很久，亚当斯总统被迫妥协，接受了采访。

罗亚尔离去后，亚当斯总统想起在刚才的采访中，有部分问题回答得不够准确，表述的意思不太清晰，一旦公诸报端，恐会引起公众误解。经过反复思考，他决定于当天将众多报社记者请进白宫，亲自接受集体采访，以郑重阐述自己的观点。这种形式后被称为“记者招待会”，也被称为“新闻发布会”。由亚当斯总统亲自担任新闻发言人的这次发布，被认为是史上第一次“政府新闻发布”。

19世纪20年代，美国普通民众获得了选举权，30年代美国“便士报”出现，并随之产生了一批职业记者，公众开始通过报刊来了解和参与国家事务。在那样一个政治改革、经济增长、传媒大众化的年代里，为应付对于新闻总是有着无限兴趣的职业记者们，美国政府开始设立总统“新闻发言人”。

美国第七任总统安德鲁·杰克逊（1829—1837年在任）是最早聘用专职新闻发言人的美国总统，在他任内，最早的驻华盛顿记者团逐渐组成。从杰克逊总统开始，美国政府新闻发言人制度初具雏形。不过杰克逊总统以及其后几任总统所聘用的新闻发言人均为兼职性质，美国政府不向他们支付酬金，其报酬由总统个人支付，因此从严格意义上来说，这些所谓的“新闻发言人”还都只是总统的私人秘书。

19世纪中期，随着铁路的修建、电报的发展以及通讯社的建立，美国新闻传播业也迅速发展起来，与政治的关系也日趋紧密。1860年，采访美国议会的注册记者已达70多人，1870年则增加到了130人。

19世纪末，西方许多国家通过资产阶级革命或改革确立了不同类型的资本主义制度。随着意识形态领域日渐开放和宽松的民主自由新气象的到来，普通民众参政议政的热情持续高涨，他们对公共信息自由流通的需求也更加迫切。

19世纪末20世纪初，美国一些公司财团对公众利益的过度践踏和损害，引发了一批具有正义感的记者的关注。据资料统计，19世纪80年代，在美国38个州的76名国会参议员中，就有20名是百万富翁，而其他议员也多与铁路、冶金、石油等大企业有着利益关联。新闻记者们为此发起了一场旨在揭露企业丑闻的“黑幕揭发运动”，这场运动很快便席卷社会的各个角落。在舆论压力和大众谴责下，工商界为维护自身利益，保全生存和发展空间，不得不开始重视公共关系活动，他们主动向记者提供企业内部的信息，引导媒体塑造企业的社会形象。为缓解与媒体及公众的关系，不少企业在遇到危机事件时，常会选择召集记者举行新闻发布会。在整个19世纪，美国的新闻发布活动一直都在不定期地举行。

20世纪初，出现了世界上最早有文字记载的政府新闻发布活动。1904年2月，日俄战争在中国境内爆发。8月，日俄两军在辽阳进行了长达6天的激战。日本战地军官为阻止西方记者到前线采访，于8月27日将18名各国新闻记者召集到长春，并于当晚举行新闻发布会，宣称俄军已撤出辽阳，正向沈阳方向溃逃，日方在未遭任何抵抗的情况下就占领了辽阳。当时美国记者理查德·哈丁·戴维斯认为日本公然“撒谎”，他带领这些记者退场以示抗议。①

1908年，威廉·霍华德·塔夫脱当选美国第27任总统（1909—1913年在任），他是第一位每周安排两次定期记者招待会的总统。不过这一制度并未维持太久，记者招待会常常不能按期举行。直到1913年第28任总统伍德罗·威尔逊（1913—1921年在任）时，才重新恢复了定期举行记者招待会的制度。

富兰克林·罗斯福（1933—1945年在任）是美国历史上唯一一位连任超过两届的总统。罗斯福就职总统时，美国经济的大萧条正严重影响着社会稳定和百姓生活，为凝聚广泛的同盟者和支持力量以推行“新政”改革，他有效地使用了各种沟通和传播工具。上任仅4天，他就举行了有120名记者参加的首场记者招待会，在轻松的气氛中就银行业改革等问题回答了记者提问。据统计，在罗斯福总统执政的12年里，他总共举行了998场记者招待会。

1933年3月12日晚，在美国银行复业的前夜，罗斯福总统在白宫的外宾接待室接受了美国广播公司、哥伦比亚广播公司和共同广播公司的联合采访。他坐在壁炉旁边，面前放着扩音器，场面有些像家常谈话。然而就

① 余琦：《军事新闻发布史及我军新闻发布制的建立》，《军事历史研究》，2013年第3期。

在讲话前，罗斯福总统的讲稿却不见了，但他泰然自若地拿起一份给记者准备的油印稿，转向扩音器开门见山地说："我想花几分钟时间同合众国人民谈谈银行的情况……"接着他以诚恳的态度、亲切的声调和质朴的语句，向美国民众就银行业的运作进行了浅显易懂的解释，劝说民众要发挥作用，支持银行业，并向公众保证"把钱放在经过整顿、重新开业的银行里，要比放在褥子下面更安全。"据统计，美国共有6000万民众收听了此次谈话。当民众从收音机里听到罗斯福总统的声音时，仿佛就像总统来到自己家，正与他们围炉而坐，亲切交谈。这样的谈话形式断断续续持续了11年多，几乎与罗斯福总统12年的任期相始终。从1933年3月12日第一次谈银行问题，到1944年6月12日谈第五次战争筹款运动，类似谈话共有30次。主持人每次讲开场白时，都会用"炉边谈话"来予以介绍，"炉边谈话"成为人们津津乐道的领袖人物凝聚民心的典范。

随着媒体影响力日趋增强，从20世纪50年代开始，美国政府在白宫正式设立新闻办公室和新闻发言人。此后各国政府纷纷效仿，借以引导舆论，方便政府向公众传达信息，树立良好政府形象。新闻发布制度便陆续在许多国家建立起来。

约翰·肯尼迪总统（1961—1963年在任）的政治生涯是以电视直播的形式开始的。1960年9月26日，他在全美上千万电视观众注视下击败了共和党总统候选人尼克松，赢得了首场总统竞选辩论。此后他便意识到，对于其今后的政治生涯来说，电视这一"新媒体"是不可或缺的。肯尼迪总统将举行记者招待会作为其接触公众的主要渠道，他是美国历史上第一个召开电视直播记者招待会的总统，甚至允许电视台不受任何限制对记者招待会进行直播。因为在他看来，与记者进行现场的、没有任何剪辑的意见交流，是一种创新性的新闻发布形式。

## 二、我国新闻发布的起源与发展

辛亥革命推翻了清王朝封建统治后，我国新办报刊如雨后春笋般得到了长足发展。据统计，1912年全国报刊有500多家，仅北京就有100多家。1912年5月24日，上海《申报》刊登了一条题为“国务院与新闻记者一席谈”的消息，内容是时任中华民国临时政府国务总理的唐绍仪，倡议在国务院内设立“新闻记者招待所”。唐绍仪曾经在美国生活过七八年，他的这一提议与受西方教育的经历有关。“新闻记者招待所”平时的主要工作，就是举行一些与新闻发布有关的活动。

中国共产党建党初期非常重视宣传工作，并初步确立了党对媒体的管理制度。在1921年中共一大决议规定，一切书籍、日报、标语和传单的出版工作，均应受中央执行委员会的监督；不论中央或地方出版的一切出版物，其出版工作均应受党员领导；任何中央地方的出版物均不能刊载违背党的原则、政策和决议的文章。①

抗日战争时期，毛泽东指出：“在人民中间，主要是在日本占领区和国民党统治区的人民中间，还有相当多的人相信蒋介石，存在着对于国民党和美国的幻想。”②这就决定了此阶段中共新闻宣传的重点，应放在提高日占区和国统区群众的觉悟方面。这一时期中共中央十分重视在这些区域办报，

① 《建党以来重要文献选编（1921—1949）》第四册，中央文献出版社2011年版，第4—5页。

② 《建党以来重要文献选编（1921—1949）》第四册，中央文献出版社2011年版，第4页。

并称该工作“在今后和平时期有第一重大的意义，比现在华中解放区意义还重要些，必须下决心用最大力量经营之”[①]。中国共产党通过各种途径，借由各种方式在上海、南京、武汉和香港等地出版了各种报刊，直接或间接地宣传了中共的路线、方针和政策，在重庆出版的《新华日报》更是担负起了在国统区引导新闻舆论方向的重任。

抗日战争胜利后，国共两党在重庆举行谈判。周恩来多次在国统区举行记者招待会，向社会各界阐明中共对国内局势的主张，揭露国民党假和谈、真内战的阴谋。此后，中共领导人经常以“新闻发言人”名义，利用报社和通讯社发表时评，宣传中共的主张和观点。如1945年11月5日新华社发表的《国民党进攻的真相》和1949年1月25日新华社发表的《中共发言人就和谈问题发表谈话》等，均是毛泽东以“新闻发言人”名义对外发布的。

在解放战争时期，中国共产党通过开展新闻活动，不断发表对时局的看法，有效削弱了国民党政府新闻舆论的影响，提高了广大人民群众的觉悟，推动了第二条战线的形成，配合了人民解放军开展的军事行动，从而有力地捍卫了中国共产党的严正立场，维护了中国人民的利益。

中华人民共和国成立后，由于面临来自西方国家的政治和经济封锁，国内很少有外国记者常驻，在相当长的一段时间内我国也未设立驻外记者，加之中国共产党党报体制的单一化，种种原因致使我国多年未建立正式的新闻发布制度。尽管如此，新闻发布工作也并未完全绝迹，如1954年4月26日日内瓦会议开幕，在近两个月的会期内，中国代表团共举行了6次记者招待会；1965年9月29日，外交部部长陈毅在

① 《毛泽东文集》第4卷，人民出版社1996年版，第23页。

北京人民大会堂举行记者招待会，就美苏两国对我国施行的霸权主义行径进行驳斥，此次记者招待会共有300多名中外记者参加。

在十年“文化大革命”期间，我国政治、经济和文化等均陷入非正常状态，这期间未举行过新闻发布会。

1978年中共十一届三中全会召开后，党和政府逐渐把新闻发布工作提上日程。

1979年11月25日发生“渤海二号”重大翻沉事故，导致72人遇难，直接经济损失高达3700万元。为表明党和政府对该起事件勇于担责、积极调查的态度和立场，有关部门决定举办新闻发布会，就该起事故的调查和处理情况进行公开发布，这是我国政府首次对突发事件进行新闻发布。

1980年，全国人大常委会副秘书长曾涛作为新闻发言人向中外记者发布了关于审判“四人帮”的决定。

1982年，中央对外宣传领导小组起草了《关于设立新闻发言人制度的请示》。

1983年4月23日，中国记协首次向中外记者介绍了国务院各部委和人民团体的新闻发言人，宣布我国正式建立新闻发言人制度。同年6月，六届全国人大一次会议和全国政协六届一次会议共同举行新闻发布会，人大常委会副秘书长曾涛和政协副秘书长孙起孟作为新闻发言人，联合向中外记者发布关于“两会”的消息。此后，新闻发言人制度在中国政府各部门逐步建立起来。

# 第二节
# 当前舆论环境的变化与新闻发布面临的挑战

从新闻发布的历史发展进程来看，无论是在报纸刊登新闻发布消息，还是通过广播、电视来直播记者发布会，新闻发布形式一直随着传播技术的发展而不断发生着变化。当前互联网已经成为舆论“主战场”，如何应对舆论环境的新变化，并运用新传播技术进行新闻发布，已成为新闻发布工作面临的全新挑战。

## 一、新闻发布更强调时效性

移动互联技术的快速发展，使得受众可以方便、快捷地接收各类信息，这就对新闻发布的时效性提出了更高要求。新闻发布只有及时应对舆情，第一时间发声，才能真正实现发布信息和引导舆论的效果。

2017年8月8日21时19分，四川九寨沟发生地震。在地震发生后不久，即21时37分15秒，一篇标题为《四川阿坝州九寨沟县发生7.0级地震》的速报，便由中国地震台网微信公众号发出。该速报是由机器人自动编写的，用时仅25秒。报道内容共540字，并配有4张图片，内容包括速报参数、震中地形、周边村镇、周边县区、历史地震、震中简介、震中天气等。可见，在互联网及人工智能的技术支持下，新闻发布的时效性大为提升。

英国危机公关专家里杰斯特认为，在危机事件发生后，民众对危机的负面反应与时间成正相关关系，因此政府应向社会"尽快提供有关危机的情况"。

电视媒体时代，政府处理突发事件有所谓"黄金24小时"之说，即在事发24小时内发布权威消息以引导舆论。微博、微信等即时社交媒体的兴起，对突发事件处置的时效性有了更高要求。人民网舆情监测室于2010年首次提及"黄金4小时"的概念。近年来有人甚至提出了"黄金1小时"原则，如浙江省宁波市海曙区制定的《政务微博管理办法》，就要求应在突发事件发生后1小时内发布信息；江苏省南京市在政务微博管理要求中也提出，应在灾害性、突发性事件发生1小时，或是在得到相关信息第一时间内，及时、准确地向社会进行发布。

在互联网时代，任何一则突发性消息都有可能被迅速传播，能否利用好互联网平台在第一时间进行新闻发布，关系到能否抓住最佳传播时机，能否抢占到最佳话语权。

快速、及时、高效的新闻发布，对于挽回因突发事件而造成的负面影响无疑会起到一定的积极作用。与此相反，回避问题，掩耳盗铃，最终会丧失公众的信任。

2019年3月21日13时46分，江苏省扬州市中航宝胜海洋工程电缆有限公司一建筑工地脚手架发生坠落，致6人死亡5人受伤。

直到事发两天后，即2019年3月23日23时34分，扬州市经开区管委会才对外公布了这起事件。然而，当真相还在穿鞋时，谣言已跑遍了半个世界。在这两天时间内，各种网络流言广泛传播，仅事故原因的分析就出现了多个版本，而群众用手机拍下的事故现场视频也被人随意进行解读。尽管有关方面表示，新闻发布滞后的主要原因是为了优先进行救援，但受众因未及时获得官方信息，小道消息的散播也就变得不可避免了。

由于官方通报时间过晚，错过了新闻发布的黄金时间，又拒绝与媒体合作，不主动向社会披露相关信息，从而导致信息披露严重滞后，引发公众广泛猜疑，给扬州市政府与涉事企业造成了极为负面的社会影响。

## 二、新闻发布更注重体验感

截至2019年6月，我国互联网普及率已达61.2%，网民规模已达8.54亿人，其中手机网民规模为8.47亿人。①

习近平总书记于2015年视察解放军报社时指出："读者在哪里，受众在哪里，宣传报道的触角就要伸向哪里，宣传思想工作的着力点和落脚点就要放在哪里。"②互联网时代的新闻发布同样应倾听受众声音，将受众体验感放在第一位。

2019年全国"两会"召开期间，北京天安门广场、人民大会堂、梅地亚"两会"新闻中心和部分代表、委员驻地等区域均实现了5G信号覆盖，这些5G站点可以确

① 参见《8.54亿！我国最新网民规模数据出炉》，汇通财经，2019年8月30日。https://www.fx678.com/C/20190830/201908300927142468.html.

② 参见《习近平视察解放军报社》，新华网，2015年12月26日。http://www.xinhuanet.com/politics/2015-12/26/c_1117588434.htm.

保中外记者在“两会”期间能顺利完成新闻采访、编发和稿件传输等任务。中外记者可利用5G专用电脑终端更加方便、快捷地上网传输数据，从而使受众能够更加清晰、便捷地接受信息，获得更好的体验感。

此外，VR和AR技术也被运用到了此次“两会”的新闻发布中。人民日报联合人民网推出“AR看两会”栏目，用户通过人民视频客户端，使用AR相机扫描《人民日报》上的相关图片，即可在手机上看到现场实况。央视网推出的《全景沉浸看报告》，运用“VR+AR”的创新形式，将真实全景视频与虚拟动画相结合，生动形象地呈现《政府工作报告》的主要内容和重要数据，让用户在全景沉浸式体验中读懂《政府工作报告》。这些利用新技术的新闻发布形式，让受众得到了更加鲜活的体验。

在传统媒体时代，报纸、广播、电视是信息传播的主渠道，受众大多只是信息的接受者，反馈渠道很少。而在互联网时代，受众既是信息的接受者，也是信息的传播者，因此新闻发布中注重受众的体验感就显得尤为重要。

新闻发布不能以“自我”为中心，自说自话，而应从“自我感觉”转移到“受众评价”上，要根据受众获取信息的习惯，有侧重地选择传播媒介和发布方式，从而使受众在新闻发布的整个过程中都能获得良好的信息接收体验。

### 三、新闻发布更趋于常态化

自2003年“非典”事件后，我国新闻发布工作已日趋常态化。

随着互联网时代的到来，任何人都可以利用网络平台进行信息传播，这种新型传播方式与传统媒体的传播方式大不相同，它不再受到报纸版面或广播、电视播出时段的限制。近年来我国公众的权利意识也显著增强，尤其是在行使知情权、参与权、表达权和监督权等方面，这种意识表现得尤为突出，这都要求有关部门必须认真做好舆情监控，将新闻发布常态化，针对突然出现的各类舆情，能够及时、积极地加以引导。

2009年7至12月，广东、云南、贵州、江苏等地政府机构相继开通了新闻发布网络平台，设立了网络新闻发言人。相关部门纷纷利用微博、微信和短视频等多种平台，快速、有效地进行新闻发布，推动了新闻发布常态化。

2019年2月8日，已被北京大学光华管理学院招录为博士后的影视演员翟天临，在网络直播回答网友提问时，竟称自己不知道“知网”（注：即提供各类学术文献检索、导航、在线阅读和下载服务的网络平台）为何物。虽然翟天临后来在其微博称自己“只是开玩笑”，但其博士学位的真实性开始受到网友的质疑。网络舆情随即迅速发酵，众多主流媒体也持续跟进发声。

2月9日，四川大学“学术诚信与科学探索网”将翟天临列入“学术不端案例”公示栏。

2月11日，北京电影学院成立调查组，按照相关程序对此启动调查。当晚，北京大学官方微博发布声明称，将根据翟天临博士学位授予单位的调查结论，按规定进行处理，随后北京大学光华管理学院官方微博转发了该声明。

2月15日，教育部举行新闻发布会，新闻发言人续梅回应“翟天临涉嫌学术不端事件”时称，教育部对此高度重视，第一时间要求有关方面迅速核查，北京市有关方面已督促和指导北京电影学院展开调查，北京大学也展开了相关核查工作，并表示教育部对于学术不端行为一贯的鲜明态度就是零容忍。

2月16日，北京大学发布《关于招募翟天临为博士后的调查说明》，确认翟天临存在学术不端行为，同意北京大学光华管理学院对其作出退站处理的意见。

2月19日，北京电影学院发布声明，宣布撤销翟天临博士学位，取消其博士生导师陈浥的博士研究生招生资格。

“翟天临涉嫌学术不端事件”从曝光到处置完毕，仅约10天左右。北京大学、北京电影学院及翟天临本人，均利用微博社交平台进行了信息发布。教育部召开的新闻发布会及时与受众进行沟通，表明官方立场，很好地满足了受众的知情权。

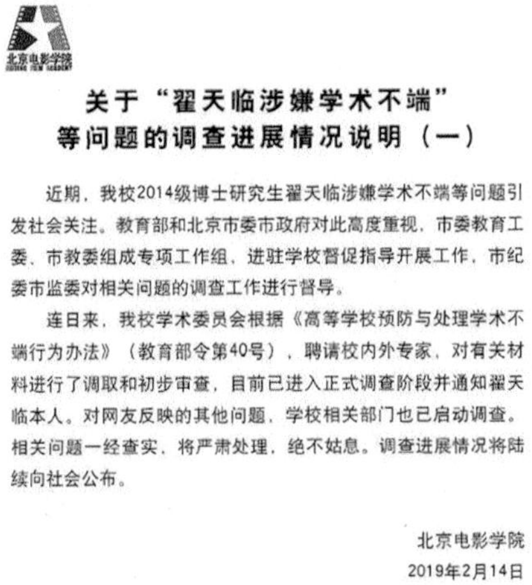

**关于“翟天临涉嫌学术不端”等问题的调查进展情况说明（一）**

近期，我校2014级博士研究生翟天临涉嫌学术不端等问题引发社会关注。教育部和北京市委市政府对此高度重视，市委教育工委、市教委组成专项工作组，进驻学校督促指导开展工作，市纪委市监委对相关问题的调查工作进行督导。

连日来，我校学术委员会根据《高等学校预防与处理学术不端行为办法》（教育部令第40号），聘请校内外专家，对有关材料进行了调取和初步审查，目前已进入正式调查阶段并通知翟天临本人。对网友反映的其他问题，学校相关部门也已启动调查。相关问题一经查实，将严肃处理，绝不姑息。调查进展情况将陆续向社会公布。

北京电影学院

2019年2月14日

图1–1　北京电影学院官微发表相关说明

## 四、新闻发布更呈现多样化

随着网络技术的快速更新和发展，新闻发布的形式也日趋多样化，党委、政府部门只有采用受众接受和喜爱的传播方式进行发布，才能够真正顺应舆论环境的新变化。

习近平总书记指出："随着形势发展，党的新闻舆论工作必须创新理念、内容、体裁、形式、方法、手段、业态、体制、机制，增强针对性和实效性。"①党的新闻舆论工作如此，新闻发布工作亦然。一般来说，新闻发布方式包括举行新闻发布会、组织记者进行采访、接受专访，在网站发布信息、发布新闻公告等，其中报纸和杂志刊载文字、图片，广播传递声音，电视输出影像。随着新型传播方式的不断涌现，多媒体融合传播如今已越来越成为新闻发布的新形式，它不仅包括文字、图片、音频、视频，还包括了动画和互动游戏等。近年来，政务微博、政务微信已日益成为党委、政府进行新闻发布的主平台，而短视频、H5动画等也后来居上，成为重要的辅助传播方式。新闻发布必须紧跟时代发展，充分、适当地运用好这些新型传播符号。

抖音、快手、美拍等短视频平台正越来越受广大用户追捧，据抖音发布的《2019抖音大数据报告》称，2019年抖音国内用户全球打卡6.6亿次，国内日活跃用户数突破4亿。截至2018年12月，共有5724个政务号和1334个媒体号C位出道，抖音成为政务和媒体信息传播

① 参见《习近平：坚持正确方向创新方法手段 提高新闻舆论传播力引导力》，新华社，2016年2月19日。http://www.xinhuanet.com//politics/2016-02/19/c_1118102868.htm.

的新平台。①

2018年5月18日“国际博物馆日”前夕，中国国家博物馆、湖南省博物馆、南京博物院、陕西历史博物馆、浙江省博物馆、山西博物院和广东省博物馆7个国家一级博物馆，共同推出了“博物馆抖音创意视频大赛”。截至当天15时30分，“国博”抖音就吸引了36万粉丝，其发布的两条短视频共获48.5万个点赞。

“北京SWAT”是北京市公安局反恐怖和特警总队的抖音官方账号。其发布的首条短视频是特警队员的日常训练内容，不到12个小时就收获了超过250万点赞和7万条评论。滤镜特效、鬼畜回放、网游背景音乐等年轻人喜爱的元素经常出现在“北京SWAT”视频中，备受受众青睐。

图1-2 “北京SWAT”抖音官方账号截图

① 参见《抖音日活跃用户破4亿 2019年全球打卡6.6亿次》，中国新闻网，2020年1月6日。http://news.eastday.com/eastday/13news/auto/news/finance/20200106/u7ai9011294.html.

除短视频外，H5也正成为新闻发布的又一新模式。H5指的是HTML5.0版标准，它可以生成灵活的动画特效，形成强大的交互应用和数据分析功能，并可对页面传播效果进行跟踪和分析，从而达到更为丰富的多媒体效果。H5适合在手机播放，在社交平台上传播也十分方便。

在中共第十九次全国代表大会期间，为更好报道和解读十九大报告，多家媒体推出了H5、视频、图解、虚拟现实和增强现实等新型传播方式。其中H5模式收到了较好的传播效果。人民日报社推出的《史上最牛创业经》被称为首部闪卡H5动画。这部H5动画通过文案与图片的相互配合、历史事件与历史人物的交错出现，展现出中共伟大而光荣的奋斗历程，具有很强的震撼力和感染力，引来无数网友的转发。

# 第二章

# 党委、政府新闻发布机制建设概况

# 第一节
# 政府新闻发布机制建设

我国政府新闻发布机制建设始于1982年，当年出现了首位新闻发言人——时任外交部新闻司司长的钱其琛。

1983年2月，中共中央宣传部、中央对外宣传领导小组下发《关于实施〈设立新闻发言人制度〉和加强对外国记者工作的意见》，明确要求外交部和对外交往较多的国务院各部门建立定期或不定期的新闻发布制度。

3月1日，全国人大、政协首次举行新闻发布会，其中外交部新闻发言人为新任外交部新闻司司长齐怀远。

4月23日，国务院各部委和人民团体新闻发言人集体亮相，中国记者协会首次向境内外媒体宣布我国建立了政府新闻发言人制度。此后新华社虽继续承担部分政府新闻发布工作，但这已不再是政府新闻发布的唯一途径。

11月，《新闻发言人工作暂行条例》出台，该条例对政府发言人的职责、资质、任务、新闻发布会的组织构架形式和发布对象等都提出了要求，第一次从法律层面对新闻发言人制度的内容作出了明确规定。

总的来看，20世纪80年代初期我国政府新闻发布机制建设尚处于初始阶段，绝大多数新闻发布活动并未设置记者提问环节，新闻发言人也不回答记者提出的问题。

1988年，中共中央明确提出要在全国逐步建立和完善政府新闻发布制度，政府新闻发布机制建设由此进入制度化阶段。

1994年，浙江“千岛湖事件”后，中共中央办公厅、国务院办公厅联合下发《关于国内突发事件对外报道的通知》，对突发公共事件新闻发布的相关问题作出规定，明确由国务院新闻办公室承担突发公共事件的新闻发布工作。

2000年，中共中央办公厅、国务院办公厅下发《关于在全国乡镇机关全面推行政务公开制度的通知》，要求在全国乡镇全面推行政府信息公开，这标志着政府信息公开作为一项制度开始纳入基层政府的日常工作当中。

2001年，国务院办公厅下发《关于进一步做好国内突发事件对外报道的补充通知》，首次提出对于隐瞒突发事件的，要追究相关领导的责任。

2003年是政府新闻发布机制建设的标志年份，也被称为“新闻发言人元年”。当年突发性公共卫生事件“非典”暴发，新闻发言人主动、如实地发布最新疫情，消除了谣言和猜测，展现了勇于承担责任的政府形象。

2003年5月，国务院颁布《突发公共卫生事件应急条例》，这成为我国在突发性公共卫生事件中政府新闻发布机制建设的一个里程碑。此后国务院各部委纷纷设立新闻发言人、召开新闻发布会，我国政府新闻发布机制基本得以确立。

2003年8月，中共中央办公厅、国务院办公厅下发《关于进一步改进和加强国内突发事件新闻报道的通知》，将此前所称“对外报道”改为“新闻报道”，强化了突发公共事件新闻报道工作的组织协调和归口管理，建立和完善了突发公共事件的新闻发布制度，形成了突发公共事件新闻报道工作的快速反应协调机制。

2004年，国务院新闻办首次向社会公布了62个部委、75位新闻发言人的姓名及联系方式。

2007年1月，《政府信息公开条例》经国务院第165次常务会议通过，于次年5月正式颁布施行。

2008年，国务院各部门、全国31个省（区、市）全面建立新闻发布和新闻发言人制度。

2008年5月，四川汶川发生特大地震灾害后，中央、各级地方政府以及社会团体的新闻发言人与各媒体在第一时间将灾区信息、中央决策向外发布，这成为我国政府新闻发布机制走向成熟的一个重要标志。

2008年8月，第29届奥运会在北京举行，在整个筹备与举办过程中，我国政府采取了全方位的开放报道策略，表明我国的政府新闻发布制度已日趋成熟和完善。

2005年12月20日，北京市“2008”工程建设指挥部办公室召开新闻发布会，向中外记者介绍了北京奥运会场馆及相关设施工程的建设情况，并邀请他们参观了北京奥运会竞技体操、蹦床和手球比赛场馆等建设工地，相关负责人也接受了记者们的采访。

2008年3月19日，北京奥组委举行奥运会火炬接力新闻发布会，相关负责人发布了北京奥运会火炬接力的总体安排，以及北京奥组委为火炬接力所提供的各项媒体服务。

2008年7月15日，北京奥组委举行“北京奥运会赛时官方网站开通仪式”新闻发布会，宣布北京奥运会赛时官方网站正式开通。

2010年后，我国互联网社交媒体发展迅速，其开放、即时、互动和跨国等特性，给政府新闻发布与舆情风险控制带来了全新挑战。2013年10月，国务院出台《关于进一步加强政府信息公开回应社会关切提升政府公信力的意见》，要求各地区各部门应积极探索利用政务微博、微信等新媒体，及时发布各类权威政务信息，并明确提出继政府网站之后，应将政府微博、微信辟为推进信息公开和新闻发布的另一重要途径。此后越来越多的政府部门开通了政务微博、微信账号。

据2014年4月发布的《2013年中国政府微博客评估报告》显示，截至2013年12月31日，在新浪网、腾讯网、人民网、新华网4家微博客网站上经过认证的党政机构微博客和党政干部微博客，即我国政务微博客账号数量超过25万个。①同年7月发布的《中国政务微信发展年度分析报告》显示，截至2014年6月全国政务微信总量已达6000家，政务微信已覆盖中国内地31个省（区、市）和香港、澳门特别行政区。②

与此同时，在第一时间发布权威信息已越来越成为国务院新闻办公室（简称“国新办”）的首要任务和主要职责。据统计，从1993年到2003年，国新办总共只举行新闻发布会220余场，而从2003年到2013年，国新办举行的新闻发布会则多达670场，场次是上一个十年的3倍。其中2003年38场，2004年58场，2005年66场，2006年41场，2007年86场，2008年74场，2009年57场，2010年64场，2011年77场，2012年53场，2013年56场（图2-1）。③

---

① 参见《2013年中国政府微博客评估报告发布》，新华网，2014年4月8日。http://cpc.people.com.cn/n/2014/0408/c64387-24847446.html.

② 参见《〈中国政务微信发展年度分析报告〉发布》，《电子政务》，2014年第8期。

③ 参见邹昀瑾：《中国政府新闻发布制度历史沿革及未来发展研究：以国务院新闻办公室2003—2013十一年新闻发布为例》，《新闻研究导刊》，2014年5月。

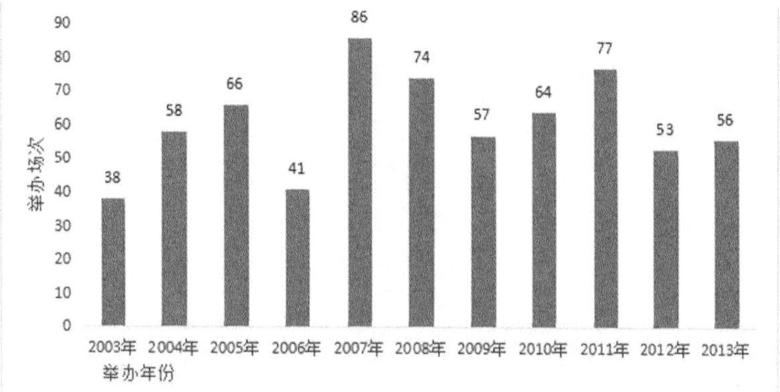


**图2-1　国新办举办新闻发布会次数（2003—2013）**

这些新闻发布会无论是在信息发布的速度、层级和覆盖面，还是信息发布的水准和质量上，都体现出权威、专业、快速和准确的特点，真正代表了国家级水平。另有数据显示，在2003年到2013年这10年间，共有超过540人成为中央政府各部门和各省（区、市）政府的新闻发言人。2019年12月16日，国新办发布了最新版的中央国家机关和地方新闻发言人名录，共有248位，相比2019年增加了13位。[①]随着新闻发言人队伍的不断壮大，由国新办、中央各部门和各省（区、市）政府构成的三个层次的新闻发布机制也在全国范围内建立起来。

2014年8月，中央全面深化改革领导小组第四次会议审议通过《关于推动传统媒体和新兴媒体融合发展的指导意见》，习近平总书记就媒体融合发展发表重要讲话指出：推动传统媒体和新兴媒体融合发展，要按照新闻传播规律和新兴媒体发展规律，强化互联网思维，坚持传统媒体和新兴媒体互补、一体发展。这给我国政府新闻发布机制建设指明了新的方向，

① 参见《中央国家机关和地方2020年新闻发言人名录发布共248位》，华夏经纬网，2019年12月17日。http://www.huaxia.com/xw/dlxw/2019/12/6306460.html.

提出了更高的要求。

随着互联网的迅猛发展和新型传播方式的不断涌现，政府施政环境已发生深刻变化，舆情事件频发多发，公民参与公共事务的意识和愿望渐趋强烈。据新浪微博数据中心统计，截至2018年底，我国微博月活跃用户已达4.62亿，截至2019年底，我国微信月活跃用户已达11亿。[①]微博、微信正成为公民参与公共事务的重要渠道。面对新传播环境，习近平指出，善于运用网络了解民意、开展工作，这是新形势下领导干部做好工作的基本功，各级干部特别是领导干部一定要不断提高这项本领。有鉴于此，从中央到地方的各级政府部门愈加重视在微博、微信上开设官方账号和公众号，努力借助“互联网+政务”来提升政府的治理能力，满足群众政治参与的热情。截至2016年1月，我国政务微信公众号已超过10万。[②]截至2016年9月，我国政务微博已达123208个。[③]“两微一端”在诸多政务领域已成常态。

2016年8月，国务院办公厅印发《关于在政务公开工作中进一步做好政务舆情回应的通知》，明确指出，涉及国务院重大政策、重要决策部署的政务舆情，国务院相关部门是第一责任主体；涉及地方的政务舆情，按照属地管理、分级负责、谁主管谁负责的原则进行回应，涉事责任部门是第一责任主体；对特别重大的政务舆情，本级政府主要负责人应切实负起领导责任，指导、协调、督促相关部门做好舆情回应工作。

---

① 参见《2019年中国网民微信月活跃用户数、微信好友及未来微信发展趋势分析》。http://www.chyxx.com/industry/202002/836124.html.

② 参见肖诗荣：《移动互联网时代政务新媒体发展路径初探：以“湖北发布”网络平台为例》，《新媒体研究》，2016年第24期。

③ 参见《2016第三季度〈人民日报·政务指数微博影响力报告〉发布》，人民网，2016年11月9日。http://yuqing.people.com.cn/n1/2016/1109/c209043-28847914.html.

2017年3月，国务院办公厅发布《2017年政务公开工作要点》，突出了政务公开的主动性和实效性，要求各级政府部门以政务公开助力稳增长、促改革、调结构、惠民生、防风险等各项工作。从最初的原则性要求逐渐变为具体的行政实践，政务公开已经成为共识，新闻发布会也成为政府应对重大突发事件的“标配”。在发布权威信息、回应社会关切、正确引导舆论方面愈见有力，相关部门主要负责人必须树立“第一新闻发言人”意识，遇有重大突发事件和重要社会关切，应带头接受媒体采访，表明立场态度，发出权威声音；同时鼓励各级政府部门积极运用新媒体平台和群众喜闻乐见的方式，对党和政府的大政方针进行通俗化、形象化的解读。

2018年4月，国务院办公厅发布《2018年政务公开工作要点》（以下简称《要点》），提出要把公开透明作为政府工作的基本要求，坚持以公开为常态、不公开为例外。《要点》指出，围绕社会重大关切加强舆情回应，增强舆情风险防控意识，密切监测收集苗头性舆情，特别是涉及经济社会重大政策、影响党和政府公信力、冲击道德底线等方面的政务舆情，做到及时预警、科学研判、妥善处置、有效回应。《要点》强调，应稳妥做好突发事件的舆情回应工作，及时准确发布权威信息；要开展政务舆情应对工作的效果评估，建立问责制度，对重大政务舆情处置不得力、回应不妥当、报告不及时的涉事责任单位及相关责任人员，要予以通报批评或约谈整改。

**表2-1　2003年以来我国推出的信息公开法律法规一览表**

| 类别 | 名称 | 制定主体及时间 | 实施日期 |
| --- | --- | --- | --- |
| 法律 | 《中华人民共和国突发事件应对法》 | 由中华人民共和国第十届全国人民代表大会常务委员会第二十九次会议于2007年8月30日通过 | 自2007年11月1日起施行 |
| | 《中华人民共和国突发事件应对法》《中华人民共和国著作权法》 | 由中华人民共和国第十一届全国人民代表大会常务委员会第十三次会议于2010年2月26日通过 | 自2010年4月1日起施行 |
| | 《中华人民共和国保守国家秘密法》 | 由中华人民共和国第十一届全国人民代表大会常务委员会第十四次会议于2010年4月29日通过 | 自2010年10月1日起施行 |
| 行政法规 | 《突发公共卫生事件应急条例》 | 经2003年5月7日国务院第7次常务会议通过 | 自2003年5月9日起实施 |
| | 《信息网络传播权保护条例》 | 经2006年5月10日国务院第135次常务会议通过 | 自2006年7月1日起施行 |
| | 《北京奥运会及其筹备期间外国记者在华采访规定》 | 国务院令第477号 | 自2007年1月1日起施行，2008年10月17日自行废止 |
| | 《中华人民共和国政府信息公开条例》 | 经2007年1月17日国务院第165次常务会议通过 | 自2008年5月1日起施行 |
| | 《中华人民共和国常驻新闻机构和外国记者采访条例》 | 经2008年10月17日国务院第31次常务会议通过 | 自2008年10月17日起施行 |
| | 《国务院关于修改〈出版管理条例〉的决定》 | 经2011年3月16日国务院第147次常务会议通过 | 自公布之日起施行 |

续　表

| 类别 | 名称 | 制定主体及时间 | 实施日期 |
|---|---|---|---|
| 地方性法规（举例） | 《北京市信息化促进条例》 | 由北京市第十二届人民代表大会常务委员会第38次会议于2007年9月14日通过 | 自2007年12月1日起施行 |
| 地方政府规章（举例） | 《陕西省政府信息公开规定》 | 经陕西省政府2005年第28次常务会议通过 | 自2006年1月10日起施行 |
|  | 《陕西省村务公开民主管理办法》 | 经陕西省政府2006年第29次常务会议通过 | 自2006年12月10日起施行 |
|  | 《天津市政府信息公开规定》 | 2008年4月21日经天津市人民政府第6次常务会议通过 | 自2008年5月30日起施行 |
|  | 《河北省实施〈中华人民共和国政府信息公开条例〉办法》 | 2008年5月29日经河北省政府第5次常务会议通过 | 自2008年7月1日起施行 |
|  | 《广州市政府定期新闻发布实施办法》 | 广州市政府新闻办制定 | 自2012年6月起施行 |
|  | 《贵州省人民政府新闻发布工作办法》 | 2016年4月25日由贵州省人民政府办公厅发布 | 自发布之日起施行 |

**表2-2　我国政府新闻发布制度建设推进情况**[①]

| 时间 | 大事记 |
|---|---|
| 1983年 | 2月，中央要求外交部及对外交往较多的国务院各部门定期或不定期地发布新闻，并逐步建立新闻发布制度<br>3月，外交部新闻司司长齐怀远宣布外交部建立新闻发言人制度<br>4月，中华全国新闻工作者协会首次向中外记者介绍国务院各部委和人民团体新闻发言人，正式宣布我国建立新闻发布制度<br>6月，全国人大和全国政协六届一次会议共同举办新闻发布会，向中外记者发布了召开"两会"的消息 |
| 1987年 | 中宣部、中央对外宣传小组等部门联合发文，对国务院新闻发布制度作出规范 |
| 1988年 | 中共中央办公厅转发《新闻改革座谈会纪要》，对中央政治局和国务院会议发布工作的制度化、健全中央和国家机关各部委新闻发言人制度以及定期举行新闻发布会、记者招待会等提出建议 |
| 1993年 | 我国基本建立以国务院新闻办记者招待会为主，新闻吹风会、集体采访和发表谈话等形式为辅的新闻发布制度 |
| 1994年 | 中央在总结"千岛湖事件"经验教训后，决定加强对突发事件对外报道的组织，要求建立突发事件应对处置和报道机制 |
| 1995年 | 国务院大多数部委都设立了新闻发言人制度，妇联、文联、全国总工会、全国人大常委会和政协也都设立了新闻发言人 |
| 1991—1995年 | 中华全国新闻工作者协会共组织256场新闻发布会，平均每年51次 |
| 1997年 | 香港回归后，特区政府致力于推动行政公开化，政府新闻发布工作日渐频繁。中国人民解放军驻香港部队设立对外新闻发言人，并将热线电话通过媒体向香港市民开放 |
| 1999年 | 2月，最高人民法院院长肖扬表示，各级法院要逐步建立新闻发布制度，定期向社会公布法院审判活动情况，自觉接受新闻舆论的监督 |

① 本表资料来源参见王彩平：《中国新闻发言人制度起源与发展》，《人民公仆》，2015年第6期。

续　表

| 时间 | 大事记 |
| --- | --- |
| 2000年 | 1月，澳门特区建立新闻发言人制度。国台办建立对台新闻发布制度<br>7月，国务院新闻发布厅正式投入使用<br>国务院新闻办共举办记者招待会40场 |
| 2003年 | 7月22日，最高人民检察院启动新闻发言人制度 |
| 1993—2003年 | 国务院新闻办共举行220多场新闻发布会 |
| 2003—2013年 | 国务院新闻办共举行670多场新闻发布会 |
| 2016年 | 8月，国务院办公厅印发《关于在政务公开工作中进一步做好政务舆情回应的通知》 |
| 2017年 | 3月，国务院办公厅发布全年政务公开工作要点，指出新闻发布会已成为政府应对重大突发事件的“标配” |
| 2018年 | 4月，国务院办公厅印发《2018年政务公开工作要点》，指出要深入落实党中央、国务院关于全面推进政务公开工作的系列部署 |
| 2019年 | 4月，国务院办公厅印发《2019年政务公开工作要点》，强调要紧紧围绕党和政府中心工作及群众关注关切，着力提升政务公开质量 |

# 第二节
# 党委新闻发布机制建设

建立党委新闻发布制度，这既是中国共产党践行全心全意为人民服务宗旨、发扬党内民主、尊重党员主体地位的重要体现，也是加强党与人民群众联系沟通的一种需要。其根本目的在于通过党与媒体、公众开展及时、有效的沟通交流活动，来增进公众对于党的理论方针政策、重大决策和重要活动的关注、了解，及时回应公众对党的建设以及执政活动的关切，加深党与公众的相互联系和感情，实现党与公众的相互信任和合作，从而展示我党执政为民的良好社会形象。

抗战战争和解放战争时期，为服务于党的政治和军事斗争，服务于党的宣传和统战工作，中共开始尝试培养和确定党的新闻发言人，策划和举行党的新闻发布会。

抗战时期，中共经常以新闻发言人的身份利用报纸和通讯社发表时评，中共还在驻重庆办事处首设新闻发言人，即时任周恩来秘书和英语翻译的新华社记者龚澎，她也由此成为我党历史上首位新闻发言人。

龚澎（1914—1970）出生于安徽合肥，1935年参加“一·二九”运动，1936年加入中国共产党，1937年毕业于燕京大学历史系。曾任八路军总司令部秘书、重庆

《新华日报》记者、中共驻重庆代表团秘书、中共香港工委外事组副组长、北平军事调处执行部中共方面新闻组组长。中华人民共和国成立后，历任外交部新闻司司长、外交部部长助理。作为一位杰出的女外交家，其才干和人格魅力不仅为同事敬佩，也令对手折服。

解放战争时期，中共在南京梅园新村设立新闻发言人，多次举办新闻发布会，这一阶段党的优秀新闻发言人有范长江、陈家康和梅益等。

在抗日战争和解放战争时期，毛泽东多次以中共新闻发言人身份，利用报纸和通讯社发布新闻、发表时评、社论和谈话。

毛泽东多次以“特别署名”进行新闻发布，“特别署名”也因此成为中共新闻发布历史上一种特别而又重要的形式。

抗战胜利后，新华社在报道中多次以“中共发言人”来称谓毛泽东，如新华社于1945年11月5日发表的《国民党进攻的真相》，1949年1月25日发表的《中共发言人就和谈问题发表谈话》，1949年2月7日发表的《中共发言人声明拒绝甘介侯来平》等，均是毛泽东以“中共发言人”名义所进行的新闻发布。这一“特别署名”式发言人的新闻发布，以其独有的权威性和魅力吸引着全国人民的广泛关注。

1949年中华人民共和国成立初，因种种原因，党委新闻发布制度的发展在很长一段时间内基本处于停滞状态。由于党的新闻发布机制不完善，国内外民众很难通过正常渠道及时了解到各种权威信息，中共党务工作因此被抹上了一层“神秘”色彩，进而导致中共在许多本该发声的时机和场合处于“失语”状态，党的舆论引导工作和形象维护面临着巨大的困难和挑战。

改革开放后，中共开始探索建立党委新闻发布机制。最初该机制仅在中共召开重要会议期间临时设立。从1992年中共十二大开始，党的历届全国代表大会均设立新闻中心，由新闻发言人向外发布新闻。2004年9月中共十六届四中全会首次提出，要完善新闻发布制度和重大突发事件新闻报道快速反应机制，这被看作是中共建立党委新闻发布制度的一个重要准备。

2005年7月，中共中央组织部首次在国务院新闻办举行新闻发布会，在随后一年多时间里，中共中央纪委、中央统战部、中央对外联络部、中央台办、中央文献研究室和中央党史研究室等部门均设立了新闻发言人，对外公布了发言人名单和联系电话。

2009年9月中共十七届四中全会提出要“建立党委新闻发言人制度”，明确要求在稳妥推进的前提下，尽快设立中共中央各部门及地方各级党委的新闻发言人，积极举办多种形式的新闻发布活动。此后，党委新闻发布机制迅速在全党上下建立起来。同年，中共中央、各省（区、市）党委针对甲型H1N1流感、春季抗旱事件等举办了多场新闻发布会。

2009年年末，我国不少城市（如四川省眉山市、江苏省南京市等）都开始尝试建立党委新闻发布制度，设立党委新闻发言人，公布其姓名、职务和联系电话，并逐渐开展起相应的新闻发布活动。

2010年上半年，中宣部、中组部和中央档案馆等中共中央部门陆续设立党委新闻发言人。在2010年6月30日中央外宣办举行的中外记者见面会上，中共中央11个部门的新闻发言人集体亮相。同年9月，党委新闻发布制度被逐步扩展到省（区、市）级党委。2019年年底，全国31个省（区、市）和新疆生产建设兵团的党委新闻发言人全部到位，并陆续公开亮相，开展工作。

2017年11月，中共中央正式发布《中国共产党党务公开条例（试行）》，要求各级纪律检查机关及党的有关工作机关建立例行发布制度。各类信息可以在党内公开的，一般采取召开会议、制发文件、编发简报、在局域网公开等方式。向社会公开的各类信息，一般采取发布公报、召开新闻发布会、接受采访。该条例的发布，标志着我国党委新闻发布工作已走向深入。

**表2-3　中共党委新闻发布制度建设推进概况**

| 时间 | 大事记 |
|---|---|
| 2004年 | 9月，党的十六届四中全会通过《关于加强和改进党的执政能力建设的决定》，提出要“逐步推进党务公开，增强党组织工作的透明性” |
| 2005年 | 7月，中组部首次举行新闻发布会，向全世界介绍中共党组织建设和民主制度建设等情况 |
| 2006年 | 12月28日，中纪委、中组部、统战部、外联部、中央台办、中央文献研究室和中央党史研究室等7个党中央部门建立了新闻发布和新闻发言人制度 |
| 2009年 | 9月，党的十七届四中全会首次明确提出要建立党委新闻发言人制度<br>10月，中共眉山市委出台《新闻发布制度》，正式建立新闻发布和新闻发言人制度，这是四川省建立的首个党委新闻发布制度 |

续 表

| 时间 | 大事记 |
| --- | --- |
| 2010年 | 2月,中宣部、中纪委、统战部等多个中共中央部门向社会公布新闻发言人名单及新闻发布机构电话<br>6月,11个中共中央部门的党委发言人与媒体见面<br>12月,各省(区、市)党委新闻发言人制度均已建立,地市级也开始启动相关机制,南京、石家庄、台州和深圳等地市的党委发言人先期亮相 |
| 2017年 | 11月,中共中央正式发布《中国共产党党务公开条例(试行)》,标志着党委新闻发布工作正逐步走向深入 |

# 第三节 安徽省党委、政府新闻发布机制建设

为推行政务公开，切实提高行政权力运行的透明度和机关办事效率，树立廉洁、务实、透明、高效的机关形象，2006年5月，安徽省政府第35次常务会议讨论通过《关于进一步加强政务公开促进机关效能建设的通知》，明确要求各部门、各单位建立、健全政务公开制度，按照“公开是原则，不公开是例外”的要求，及时公开应当让公众广泛知晓或参与的事项。

2007年9月《政府信息公开条例》出台后，安徽省政府办公厅随即转发国务院通知，要求省政府各部门、各省直属机构按时编制好政府信息公开目录和指南，并以此为基础创新新闻发布方式。

2008年，安徽省政务公开网开通（http://zwgk.ah.gov.cn/），政府信息公开和新闻发布平台正式建立。3月，省政府办公厅颁布《关于贯彻〈中华人民共和国政府信息公开条例〉的实施意见》以及《信息公开指南和信息公开目录编制工作方案》，为各部门、各机构快速高效编制政府信息公开指南和目录提供了依据。9月，省政府印发《关于安徽省政务公开考评暂行办法的通知》，规定了各省直单位及各市政府信息公开的考评标准。

安徽省政务公开网设置有决策公开、执行公开、管理公开、服务公开和结果公开、政策宣传解读和回应社会关切等主要栏目，内容覆盖政府权力运行全流程和政务服务全过程，汇聚了全省各级行政机关公开指南、公开目录和公开内容，全面展现了各地、各单位政务公开工作制度、进展和成效。

2009年，安徽省在原有热线电话、报刊、广播及居民生活小区宣传橱窗等公开发布渠道的基础上，积极开发新型便民利民政府信息公开渠道，如手机短信服务和市民论坛等。部分城市如合肥、铜陵等还开通了专门的电视频道，以加大公众对政府信息公开的了解。7月，安徽省政府印发了《关于澄清虚假或不完善信息工作暂行办法的通知》；10月，安徽省政务公开办公室同安徽省经济信息中心联合制发了《关于进一步完善政府信息公开目录系统的通知》，推动在安徽省内所有政府部门网站中政府信息的一次性加载和发布的发展进程。

随着新媒体技术的快速发展，微博、微信、手机客户端等移动平台，为各级政府部门发布新闻提供了更多、更便捷的渠道。2011年，安徽省公安厅、教育厅等部门在人民网、新浪网和腾讯网开设微博。从当年11月起，政务微博开始大规模进入安徽省政府信息公开领域。新浪网公布的“2014年度政务微博榜单”显示，当时安徽省新浪政务微博总数已达2959家。安徽省政务微信建设同样取得不俗成绩，据中国传媒大学媒介与公共事务研究院发布的《华中地区政务微信发展报告》粗略统计，截至2014年8月底，安徽省政务微信已达152个。根据测算评估，2014年安徽省政府在全国省级政府信息公开指数排行中位列第九，全省政务微博、微信分别发布政府信息237342条和90173条，回应各类事件4481次，政务微博、微信已成为安徽省新闻发布及与公众互动交流的新渠道。[①]

2012年11月，安徽省互联网信息办公室在新浪网和腾讯网开通省级官方微博“安徽发布”。每日发布的“微播江淮”能让网友及时了解全省重要信息，“民生连线”“政策传真”“生活贴士”和“温馨提示”等为网友提供了贴心生活服务，“山水安徽”“人文安徽”和“安徽好人”等宣传了江淮大地的秀丽风光和厚重文化。“安徽发布”展示新形象，传递正能量，受到网友的欢迎和好评。

2013年1月17日，首批汇集22个安徽省直部门、12个安徽省辖市、20个县市区和21家媒体微博的“安徽微博发布厅”在新浪网和腾讯网同时上线。

2014年1月，安徽省政府办公厅发出《关于建立重要政策解读机制的通知》，要求省政府各部门和直属机构建立重要政策解读机制，主动回应社会关切，建设现代政府，提升政府公信力，保障公民知情权、参与权与监督权。3月，安徽省政府办公厅发出的《关于印发通过新闻发布做好我省重点领域政府信息公开工作安排的通知》指出，新闻发布是政府信息公开的重要渠道。为充分发挥新闻发布的平台作用，增强全省重点领域政府信息公开的主动性和权威性，更好地满足社会公众的信息需求，从2014年第二季度起组织省编办等12个省直重点领域信息公开牵头部门，举办系列新闻发布会。各相关部门应围绕省政府重点工作、省政府常务会议等重要会议内容以及公众关注的热点问题，及时向省政府分管领导请

① 参见《安徽省人民政府2014年政府信息公开工作年度报告》，安徽省政务公开网，2015年3月27日。http://zwgk.ah.gov.cn/opennessAnnualReport/detail/5a0410ff7118cdbcb86c13f9.html.

示新闻发布意向；各相关部门应明确本单位新闻发言人，原则上应每季度举办一次新闻发布会，主要负责人要带头进行发布相关信息。

2015年7月，安徽省政府办公厅发出《关于进一步做好政府信息公开工作增强公开实效的通知》，要求各地、各部门加强舆情收集和研判工作，及时发现与政府工作相关的疑虑、误解乃至曲解、谣言，迅速发布权威信息；要建立健全重大政务舆情会商机制，加强沟通协调，形成舆情处置合力；要围绕公众知情需求，主动发声，消除流言，回应质疑，凝聚力量，增加公众对政府工作的理解支持；发生重大事件或产生社会热点问题时，要通过新闻发布会、接受媒体专访、网上公开信息等方式，及时权威发布消息，解疑释惑，澄清事实，回应关切，并根据舆论走向和工作进展情况，持续动态发布信息；各地、各部门要在门户网站设立舆情回应栏目，建设舆情回应平台，拓展政府网站的政民互动功能，进一步做好领导信箱、在线问答和网上调查等工作，接受公众建议与情况反映，有序引导公众参与。

2015年年底，安徽省政府政务微博、微信综合服务平台——“安徽省人民政府发布”上线运行，一个在新媒体舆论场集群中发出安徽声音的微博、微信矩阵渐具雏形。2016年8月，安徽省政府办公厅就加强政务微博、微信建设发出通知，要求各市、县政府及省政府各部门在年底前均应开通政务微博、微信；在2017年年底前，要建成以“安徽省人民政府发布”为龙头，市、县两级政府及省政府各部门微博、微信为支撑，反应灵敏、响应迅速的全省政务微博、微信矩阵，并在2018年年底前争取在全国形成较大影响力。

为适应新形势发展，满足新时期广大人民群众对政务信息的需求，拓展政务服务新渠道，2015年12月31日，安徽省人民政府政务微博微信综合服务平台——“安徽省人民政府发布”（http://weibo.com/u/57331033537is_all=1）正式上线运行。该平台旨在强化政府信息公开，积极回应社会关切，搭建政府与公众交流的“直通车”。

2016年5月，安徽省政府办公厅发出《关于印发2016年政务公开重点工作任务分工的通知》（以下简称《通知》），指出：各地各部门要善于统筹运用媒体发布重要会议活动、重大决策部署、经济运行和社会发展重要动态等方面信息，在主流媒体及其新媒体的重要版面、重要位置、重要时段及时报道和解读重要信息、重大政策；出台重大决策部署时，要通过主动向媒体提供素材、召开媒体通气会、推荐掌握相关政策熟悉相关领域业务的专家学者接受访谈等方式，做好发布解读工作；要创造条件安排中央驻皖媒体和地方主流媒体及其新媒体负责人列席有关重要决策会议。《通知》还要求各地区各部门做好政务舆情监测和回应工作，针对涉及突发事件的各种虚假不实信息，要迅速澄清事实，消除不良影响；对那些特别重大、重大突发事件，应在事发后24小时内举行新闻发布会。

2017年上半年，根据国家年度政务公开工作安排，安徽省政府办公厅印发了《全年省政务公开服务工作要点》，明确了34项政务公开重点工作和时限要求，并具体落实到34家省直牵头部门。安徽省政府办公厅于当年发出《关于做好省政府文件宣传解读工作的通知》，对宣传解读工作流程进行了全面优化再造，明确安徽省政府文件宣传解读的七种解读形式，建立了从收文把关到解读方案审核，再到解读工作落实的工作流程。新机制运行后，安徽省政府文件解读的频次和质量有了显著提高。

2017年3月，安徽省出台《全面推进政务公开工作实施细则》，进一步细化了政务公开规定，推出了一些独创性举措，明确要求各级政府和部门主要负责人要当好“第一新闻发言人”，遇有重大突发事件和重要社会关切时，要带头接受媒体采访，表明立场态度，发出权威声音。7月，中共安徽省委宣传部、省政府办公厅联合发出《关于进一步加强政务公开新闻发布工作的通知》，就政务公开新闻发布的责任主体、工作机制、程序、时效以及阵地等提出相关要求；强调在发生特别重大政务舆情后，当地政府是第一回应主体，政府主要负责人是第一责任人和第一发言人。

2017年4月，以“锦绣安徽 迎客天下”为主题的外交部安徽全球推介会网上联动宣传活动在北京举行。

> 2017年4月12日下午，安徽新媒体集团依托中安在线、中安新闻客户端等新媒体平台，图文视频直播了外交部“锦绣安徽 迎客天下”安徽全球推介活动。在短短4个小时内，直播网页浏览量超过29.6万人次，转发量达5万次。“今日头条”“凤凰安徽”等当天弹窗精准推送，在短时间内形成了覆盖1亿多人次的宣传效果。当晚，微博话题“锦绣安徽 迎客天下”登上热搜榜，排名第三，成为焦点。全国各重要网站在双首页显要位置及客户端转发了多篇相关报道，阅读量累计超过6500万。[①]
>
> 外交部“锦绣安徽 迎客天下”安徽全球推介活动，从前期预热到精彩亮相，一直在网络上持续刷屏。据安

---

① 参见《大美安徽“棒棒哒”：安徽全球推介活动引来网上好评如潮》，中安在线，2017年4月13日。http://news.cqnews.net/html/2017-04/13/content_41264110.htm.

徽省互联网信息办公室发布的数据显示，截至2017年4月12日中午12时许，中央新闻网站安徽频道、商业网站和安徽省直网站等20多家网络媒体，共发布安徽全球推介活动相关报道达3万多篇（条），总阅读量突破了3.1亿。

**图2-2　外交部“锦绣安徽 迎客天下”安徽全球推介活动海报**

2017年7月，安徽普降暴雨，部分地区抗洪形势严峻，“安徽发布”和“安徽省人民政府发布”联合省内各地政务微博、微信，共同关注防汛抗洪，发布相关重要信息，取得了很好的社会效果。

截至2017年7月，“安徽发布”微博、微信各平台用户数达670万，“安徽省人民政府发布”微博用户数达7.4万、微信用户数达38万。[①]两个“发布”围绕中心服务大局，贴近网民需求，体现地域特色，在网民中产生了很强的吸引力、公信力和影响力。

2017年9月，“安徽省人民政府发布”委托安徽新媒体集团一次性建成网站、客户端、微博和微信四大传播平台，形

---

① 参见许海龙：《安徽政务新媒体建设发展路径研究》，《新闻世界》，2017年第10期。

成新闻发布“四位一体”矩阵，构建起全新的新闻发布格局，从而为更好回应社会关切、提升政府良好形象、打造内陆开放新高地、加快建设五大发展美好安徽创造了良好的外部环境。

2018年5月，安徽省制定《2018年政务公开、政务服务重点工作任务分工和“群众办事百项堵点疏解行动”推广方案》，要求各级政府部门在出台涉及公共利益、公众权益的政策文件时，应对公开相关信息作出明确规定，以使政策执行更加阳光透明；要增强舆情风险防控意识，密切监测收集苗头性舆情，特别是对那些涉及经济社会重大政策、影响党和政府公信力、冲击道德底线等方面的政务舆情，要做到及时预警、科学研判、妥善处置、有效回应；要建立和完善与宣传、网信、公安、通信管理等部门的快速反应和协调联动机制，加强与新闻媒体的沟通联系，以提高政务舆情回应的主动性、针对性和有效性。

经过多年努力，安徽省党委、政府信息公开及新闻发布机制建设已取得显著成效。特别是2017年以来，安徽省围绕政府重大行政决策的公众参与、省政府文件的宣传解读、党务政务公开、基层政务公开标准化规范化试点以及重点领域政府信息公开等相关发布工作，均在全国产生了较大影响。

2018年3月，中国社会科学院法学研究所发布了《中国政府透明度指数报告（2017）》，对54家国务院部门、31家省级政府、49家较大的市政府和100家县级政府开展政务公开情况进行评估。结果显示，安徽省位列省级政府第7名，合肥市位列49家较大的市第1名，宁国市在县级政府中位列第2名，庐阳区、徽州区和灵璧县位分列7、8、9名，定远县和金寨县跻身前20名。

2019年3月，中国社会科学院法学研究所在北京召开《法治蓝皮书（中国法治发展报告）（2019）》发布会，发布了中国政府透明度指数报告（2018），省级政府透明度指数排名前三的分别为安徽省、北京市、上海市。安徽省评估结果为82.75分，领先第二名北京市2.79分，是唯一评估成绩超过80分的省级政府。

总体来看，安徽省党务政务公开和新闻发布工作已步入全国第一方阵。

**表2–4　安徽省党委政府新闻发布制度建设推进表**

| 时间 | 大事记 |
|---|---|
| 2006年 | 5月，安徽省政府第35次常务会议通过《关于进一步加强政务公开促进机关效能建设的通知》，要求各部门、各单位建立健全政务公开制度 |
| 2007年 | 安徽省政府办公厅转发国务院通知，要求省政府各部门、各省直属机构按时编制好政府信息公开目录和指南，并以此为基础创新新闻发布方式 |
| 2008年 | 安徽省政务公开网开通，政府信息公开和新闻发布平台正式建立 |
| 2009年 | 安徽省在原有热线电话、报刊、广播及居民生活小区宣传橱窗等公开渠道的基础上，积极开发新型便民利民政府信息公开渠道，如手机短信和市民论坛等，部分地级市如合肥、铜陵等还开通了专门的电视频道，以加大公众对政府信息公开的了解 |
| 2010—2011年 | 政务微博、微信开始进入安徽省政府信息公开领域 |
| 2012年 | 安徽省互联网信息办公室在新浪网和腾讯网开通省级官方微博“安徽发布” |
| 2013年 | 首批汇集了22个省直部门、12个省辖市、20个县市区和21家媒体微博的“安徽微博发布厅”在新浪网和腾讯网同时上线 |
| 2014年 | 安徽省政府办公厅发出通知，要求省政府各部门和直属机构建立重要政策解读机制<br>安徽省政府办公厅决定从第二季度起，组织省编办等12个省直重点领域信息公开牵头部门，举办系列新闻发布会 |

续 表

| 时间 | 大事记 |
| --- | --- |
| 2015年 | 安徽省政府办公厅发出通知,要求各地、各部门加强舆情收集和研判工作,要通过新闻发布会、接受媒体专访、网上公开信息等方式,及时权威发布消息,解疑释惑,澄清事实,回应关切<br>安徽省政府政务微博微信综合服务平台“安徽省人民政府发布”上线运行 |
| 2016年 | 安徽省政府办公厅发出通知,要求各地区各部门做好政务舆情监测和回应工作,对那些特别重大、重大突发事件,应在事发后24小时内举行新闻发布会 |
| 2017年 | 安徽省政府办公厅印发全年省政务公开服务工作要点,明确34项政务公开重点工作和时限要求,并具体落实到34家省直牵头部门<br>3月,安徽省出台《全面推进政务公开工作实施细则》<br>4月,以“锦绣安徽 迎客天下”为主题的外交部安徽全球推介会网上联动宣传活动在北京举行<br>9月,“安徽省人民政府发布”委托安徽新媒体集团一次性建成网站、客户端、微博和微信四大传播平台,形成新闻发布“四位一体”矩阵 |
| 2018年 | 安徽省制定《2018年政务公开、政务服务重点工作任务分工和“群众办事百项堵点疏解行动”推广方案》,要求各级政府部门增强舆情风险防控意识,建立和完善与宣传、网信、公安、通信管理等部门的快速反应和协调联动机制,加强与新闻媒体的沟通联系,提高政务舆情回应的主动性、针对性和有效性 |
| 2019年 | 《安徽省人民政府新闻发布会制度》出炉,提出要有效实行政务公开,扩大人民群众对政府工作的知情权,接受社会各界对政府工作的监督,确保新闻发布主动、及时、准确、权威 |

# 第三章

# 新闻发布主体、内容、渠道与效果

# 第一节
# 新闻发布主体

新闻发布是主动的信息传播行为，任何机构、法人和个人都有可能成为新闻发布的主体。不同主体开展新闻发布活动，目的都不外乎是为了对外说明真实情况以正视听、提供丰富材料改善形象、通报具体情况缓解质疑、表达自身观点说明态度等。党委、政府的新闻发布一方面具有显著的党务、政务公开的特征，另一方面也是回应公众关切和社会热点的客观要求，其发布主体呈现出机构为主、多元参与的特点。

目前，我国党委、政府新闻发布的机构主体主要有：国务院新闻办；中央各部委；省级党委、政府；地（市）、县级党委、政府等。省级政府专设有新闻办公室，部分地市级政府或单独设置、或在党委宣传部门加挂牌子设立新闻办公室。新闻发布的个人主体主要有：新闻发言人；网络新闻发言人；主要负责人；事件当事人。

## 一、机构主体

新闻发布的机构主体是指组织、策划、开展新闻发布活动的具体单位，包括各级政府新闻办公室（全国范围机构改革前，往往与同级党委对外宣传办公室“两块牌子一个机构”），也包括出于某些专项工作需要而对外直接发布新闻

（包含通过新闻办举办发布活动）的具体单位，如党委、政府各部门和国有企事业单位等。为便于表述，前者也可称为新闻发布的组织主体，后者则可称为新闻发布的本位主体。

作为组织主体，各级政府新闻办在新闻发布活动中的地位最为重要，它们在新闻发布活动中是最直接的信息掌握者和信源提供者，居于发布活动的核心地位，承担着发布活动的组织、策划和推进等工作，是党委、政府主动进行新闻发布的实施主体。

国务院新闻办公室（简称“国新办”）设置于1991年1月，其主要职责是推动中国媒体向世界说明中国，包括介绍中国的内外方针政策、经济社会发展情况，及中国的历史和中国科技、教育、文化等。国新办通过指导协调媒体对外报道，召开新闻发布会，提供书籍资料及影视制品等方式对外介绍中国；协助外国记者在中国的采访，推动海外媒体客观、准确地报道中国；广泛开展与各国政府和新闻媒体的交流、合作；与有关部门合作开展对外交流活动。

省级政府新闻办作为由省级、党委政府统一管理的办事机构，其具体职责与国务院新闻办职责是对应设置的，新闻发布活动也是其最主要的任务之一。

安徽省政府新闻办的具体职责：

1.贯彻中央对外宣传的方针、政策，研究制定全省对外宣传事业发展的总体规划，指导协调全省对外宣传工作。

2.负责协调我省文化对外开放工作。

3.负责省委、省政府新闻发布，协调省委、省政府相关部门的新闻发布工作。

4.研究海外传媒有关我省的报道情况，针对省内重大问题和突发事件，及时提出对外宣传对策。

5. 拟定我省重大问题对外宣传的口径。

6. 会同有关部门协调对外、对港澳宣传工作。

7. 协同有关部门开展涉台问题的宣传工作。

8. 组织综合性和跨地区、跨部门的大型对外宣传活动。

9. 组织海外传媒及中央对外新闻单位来皖采访，会同有关部门做好境外记者来皖采访服务管理工作。①

新闻办作为新闻发布活动的组织主体，其在新闻发布和新闻活动策划、协调以及组织上的优势，有利于协调相关部门参与并围绕议题集中开展新闻发布活动。随着中央到地方各级政府新闻办逐层、逐级的建立和完善，党委、政府新闻发布体制、机制也在全国逐渐建立起来。目前省级政府新闻办设置健全，被列为省委直属部门，对外称“政府新闻办”。不过在地市新一轮机构改革后，政府新闻办的设置尚未完全统一，县（区）级新闻发布的组织主体一般以党委宣传部新闻科（政府新闻办）的名义对外发布新闻，乡（镇）级则基本未设专门的新闻发布机构。

如果说政府新闻办是党委、政府新闻发布组织主体的话，那么党委、政府所属各职能部门和机构则是新闻发布的直接主体。除了政府新闻办策划、组织的发布活动外，一些事关社会、民生的关注度高、影响面广的职能机构以及外交、军事等部门，往往也建有自己的新闻发布机制，从而成为直接面向媒体和公众的新闻发布主体。

面对不断深化的机构改革，地方党委、政府应积极正视

① 参见《安徽省委外宣办（省政府新闻办）介绍》，安徽省政府新闻办，2017年9月6日。http://fbh.anhuinews.com/system/2017/09/06/007705463.shtml.

政务公开背景下的新闻发布制度化、规范化和体系化建设。作为新闻发布活动重要组织主体的政府新闻办，经过多年的发展，已经形成了一套较为规范的新闻发布体系，在新闻发布会的组织、策划、协调，新闻发言人的遴选、培训，以及开展集中采访报道等方面，都拥有了一整套较为完整的规程。

## 二、个人主体

1.新闻发言人

新闻发言人是指党委、政府专职或兼职的新闻发布人员，其职责是在一定时间内就某项方针政策、某个重大事件或时局问题等举行新闻发布会，发布新闻并回答记者提问。新闻发言人一般由熟悉本地区和本部门情况的干部担任，以保证党委、政府信息的权威性。一般情况下，党委政府最高负责人不直接担任新闻发言人，以保留一定的回旋与挽救的余地。

外交部新闻发布体系是我国建立最早的新闻发布体系。1982年3月，时任外交部新闻司司长的钱其琛以新闻发言人身份，对中苏关系进行了表态式发布，这是外交部第一次较为正式和规范的新闻发布活动。一年后，外交部正式建立起新闻发言人制度。

20世纪80年代中后期，中央要求对外交往密切的部门都应逐步建立新闻发布制度。全国性的新闻发布体系和制度于1988年后加快推进，目前，包括外交部、教育部、国防部、公安部、卫健委、统计局以及因重大活动、事件而组建的临时办事部门等社会关注高、对外联系广的机构，都形成了较为完备和成熟的新闻发布体系。大大小小的新闻发布活动有效宣传了机构自身的政务活动和意图，回应了公众对热点问题的关切，也成就了一批知名的新闻发言人，如教育部发言人王旭明、公安部新闻发言人武和平、2008年北京奥组委发言人王慧等。

从2004年至2017年，国务院新闻办已连续14年公布中央国家机关和地方党政机构新闻发言人名录。2004年公布的2005年新闻发言人仅有75位，而2017年12月公布的2018年新闻发言人则多达244位，新闻发言人队伍较2004年“扩容”了3倍之多。我国新闻发言人队伍从无到有、不断壮大，为提升新闻发布水平和舆论引导效果奠定了坚实基础。[①]

新闻发言人不仅要掌握政策，胸怀全局，而且还要具备新闻传播学、公共关系学和社会心理学等方面的基本知识。新闻发言人最终能否出色地完成新闻发布任务，除了必须掌握相应的发布技巧外，还要看其发布的新闻能否被公众关心、是否准确无误，是否能实现有效传播。因此，我们在新闻发布实践中既能看到如2015年“东方之星”沉船、“9·3阅兵”，以及一些在关乎国计民生等热点问题上的成功发布和表现出色的新闻发言人，也能看到诸如“8·12天津港爆炸案”“青岛大虾”“哈尔滨天价鱼”等热点事件发布不成功的案例。

华春莹是外交部第五位女性发言人，因其态度坚定、反应机敏、应对自如的良好形象而给人们留下了深刻印象。

在2019年10月23日的外交部记者会上，有记者问：据报道，美国国务卿蓬佩奥22日在华盛顿传统基金会年

① 参见《国新发布独家解读：国务院新闻办公室公布最新版新闻发言人名录》，人民网，2017年12月20日。http://media.people.com.cn/n1/2017/1220/c40606-29717656.html.

度总统俱乐部上讲话称，中国充其量就是使用胁迫、腐败当治国工具的战略竞争对手。中方对此有何回应？

华春莹答道：在人际关系中，人们把那些撒谎成性、到处说人坏话的人称之为“小人”，往往选择蔑视、不予理睬。但在国际关系中，对于恶意造谣诋毁抹黑他国的行为，我们必须澄清事实，表明立场。首先，中国是一个负责任大国，堂堂正正、光明磊落。中国从不穷兵黩武，从不唯我独尊，从不违约退群，从不以大欺小，从不怨天尤人。“胁迫”这顶帽子扣不到中国头上。相反，“胁迫”这顶帽子非常适合美国。在这一问题上，美方不必自谦。第二，近年来，中国共产党坚持全面从严治党，深入推进反腐败斗争，取得积极显著成效，不仅得到广大人民群众衷心拥护和支持，也赢得国际社会的广泛尊重和赞誉。

华春莹指出，根据美国全国广播公司新闻网和英国《卫报》等欧美媒体报道，美国公众普遍认为美国选举存在大量“以金钱换选票”的“金钱政治”现象，国会议员被企业、富人和特殊利益集团俘获。据说一个参议院席位的平均成本为1940万美元，一个众议院席位平均至少要花费150万美元。

谎言说一千遍也不会成为事实。自己国内出了问题，应聚焦自我完善，而不应嫁祸于人。喋喋不休，到处栽赃污蔑，只会自毁信誉，成为人们街谈巷议的笑柄。①

华春莹“火力全开”，用强有力的事实回“怼”了美方，在向世界表明中国原则、立场的同时，也充分展现了其个人良好的职业能力和素养。

① 参见张卉：《蓬佩奥诋毁中国，华春莹回击》，《环球时报》，2019年10月24日。

2. 网络新闻发言人

网络新闻发言人是指党委、政府中通过互联网进行新闻发布的人员，其职责是在网上发布本地区、本单位的党务政务信息，通报本地区、本单位的突发事件及处理结果，听取网民的意见建议，答复相关网帖的处理情况，分析研判网络舆情，正确引导网络舆情热点。

网络新闻发言人既是传统新闻发言人在互联网时代的延伸，也是党委、政府新闻发布的新渠道和新方式。由于网络语境有利于公众话语权的行使，新闻发言人通过网络与网民进行“零距离”接触，就能有效传递党委、政府的声音，从而为网络时代各类热点问题的舆论表达与社会治理提供新思路。

我国政府网络新闻发言人制度源于2009年。2009年1月，江苏省镇江市推出了政府网络新闻发言人制度，该市在网络上建立了官方网站，以解答网民提问。随后广东省举行了网民意见建议交办会，与会网友向该省有关方面共交办了17个问题，涉及环保、教育、交通和大学生就业等领域。2009年9月，贵州省贵阳市也建立了政府网络新闻发言人制度，并且针对该制度推出了许多政策性规范。

安徽省政府政务微博微信综合服务平台——“安徽省人民政府发布”自上线以来，积极推动政府信息公开，加强政民互动交流，主动回应社会关切，充分发挥了引导舆论、沟通群众的作用。

“安徽省人民政府发布”安排专人发布时政要闻和办理网民留言，仅自2015年12月上线至2017年4月短短一年多时间，就收到网民留言60000余条，回复网民留言50000余条，整理网民诉求类留言571件，办结520件，平均下来，每天办理网友留言达百余件，对网民反映的正当合法类诉求基本做到了个个回应、件件落实。①

2017年3月，有网友反映安徽高职院校分类考试个别考场存在疑似违规违纪问题，舆情在网上不断发酵。对此，“安徽省人民政府发布”网络新闻发言人随即联系省教育厅和省教育招生考试院，对该事件作出回应，最终3名作弊学生被公安机关依法采取强制措施，及时消除了公众的疑虑。

“安徽省人民政府发布”通过网络发言人及时与网民沟通，回应网络热点，对塑造政府形象起到了重要作用。

需要注意的是，建立网络新闻发言人制度，绝不只是简单地设置一个网络发言人，其背后应是一个完整的运作团队和一套完善的运行制度。全部工作应涉及网络信息的收集、整理、汇报、筛选和回应等诸多环节。

3. 主要负责人

各级党委、政府主要负责人占据着舆论领袖的天然地位，当重大突发性事件骤然发生时，主要负责人亲自发布新闻，既可以在公众中唤起强烈的认同与响应，增强舆论引导的效果，又能稳定公众情绪，鼓舞民心士气。如2003年“非典”期间，时任北京市代市长的王岐山于5月8日亲自参加新闻发布会，由于准备充分，表现出色，对妥善引导舆情，消除北京市民对“非典”疫情的恐惧心理，起到了很好的作用。

应当指出的是，只有当发生的突发事件情节特别重大、影响特别深远时，党委、政府的主要领导，尤其是最高领导，

① 参见《安徽省政府发布：每天办理网友留言百余件》，中安在线，2017年4月12日。http://news.eastday.com/eastday/13news/auto/news/csj/20170412/u7ai6684261.html.

才应亲自走上前台发布新闻，并且在发布新闻时要坦率诚恳、留有余地，一旦发言不慎，就没有了回旋和补救的空间。



2005年6月，在上海光明乳业郑州公司被媒体曝光生产“回炉奶”后，上海光明乳业主要负责人却在进行新闻发布时，一味为本公司的产品质量打包票称：“我们已经公布了《诚告消费者书》，请广大消费者放心；同时我们也请媒体和广大消费者进行监督，我们河南这个厂现在仍在生产，仍有新的订单，我们已从上海派人到郑州进行调查。这个事情不存在，‘光明’不可能做这个事情。”但媒体随后则曝出在全国多个城市都发现了该公司的“回炉奶”，甚至在上海和杭州等城市还发现了“早产奶”，这让光明乳业雪上加霜，处境极为被动。

光明乳业此次危机公关无疑是失败的，其中一个重要的原因，除了主要负责人对信息掌握不准确、不全面外，也与其过早亲自发布新闻，并且表态时说话过于绝对有关。

4.事件当事人

突发事件发生后，社会舆情所针对的矛头往往直指事件当事人，此时由当事人出面释疑，公布事实，就更具公信力，也能更好地打消公众的疑虑。

2006年11月20日，北京市政府食品安全办宣布：江苏省高邮市三湖蛋品有限公司于当年9月20日生产的“三湖牌”咸鸭蛋被检出含有苏丹红，市食品办决定停止其在京销售。该消息给高邮蛋业带来极大的负面影响，全市蛋业销售量直线下降。

次日，高邮市举行新闻发布会，参加者除了扬州市质监局分管领导外，还有事件当事人、三湖蛋品有限公司办公室主任许道春。许道春提供了其公司产品在全国各地销售点接受检测合格的大量证据，质疑被查出含有“苏丹红”的“三湖牌”咸鸭蛋可能是假冒产品，并称三湖蛋品公司从未在生产过程中添加任何“苏丹红”成分，承诺其公司将对市场上所有鸭蛋进行下架和撤柜处理，积极配合省质监局展开检测。后经江苏、北京两地质监部门重新检测，该品牌鸭蛋质量合格，很快就恢复了销售。

事件当事人及时预见市场危机，回应事件态度诚恳，给消费者吃了一颗定心丸，避免了舆情的持续发酵。

# 第二节
# 新闻发布内容

新闻发布既是党委、政府信息公开的一种特殊方式，也是公众获知和了解重大政策、重大事件等相关信息的重要途径。

从历年来各级党委政府新闻发布的实践来看，发布内容主要包括这几个方面，即：国家重大政策的宣传与解读，突发事件的应急响应，社会发展成果的展示，重要舆情事件的回应以及重大活动的告知。

权威解读政策，回应社会关切，积极主动发声，这成为党委政府实现信息公开，保障公众知情权，树立民主、透明形象的必然之举。

## 一、政策权威发布解读

纵观各级、各地区党委政府开展的各类新闻发布活动，涉及内容最多的无疑是党和政府重大政策的发布以及对于这些政策的权威解读。

重大政策新闻发布是党委、政府新闻发布工作中意义相对较大、信息量相对较多、重要性相对较强的新闻发布类型，也是我国各级党委、政府发布最新工作信息的主要传播途径，更是实现公众知情权的重要保障。

作为议程设置的主体，以往党委、政府在发布重大政策时，往往习惯于使用自上而下的单向传播模式，而随着传播环境的变化，今后则应根据受众需求有针对性地释疑解惑，特别是要着重介绍政策的重点和亮点。党委、政府要在新闻发布过程中组建专家团队，充分发挥专家学者的研读、解析作用，以拓宽新闻发布视野，增强对重大政策解读和重大问题分析的吸引力、说服力和影响力。

各级党委、政府除了对重要会议制定的重大政策进行解读外，还常常会针对某一领域（如教育、卫生等）的具体政策进行权威解读。

2017年10月召开的中共十九大，是在我国全面建成小康社会决胜阶段、中国特色社会主义进入新时代的关键时期召开的一次十分重要的大会。这次大会因为通过的文件成果具备许多新特点而显得极不平凡，受到国内外舆论的高度关注。

24日大会闭幕后，大会新闻发言人庹震于26日召开专题新闻发布会，分别从党的十八大以来五年的历史性成就和变革实践、党的十九大报告中关于新时代我国社会主要矛盾的新变化、十九大通过的党章修正案、新发展战略以及新时代党建的总体要求等方面，详细解读了十九大报告，并回答了记者关心的其他问题。这次新闻发布会有利于深化人们对党的十九大的认识，明确今后的发展方向。

**表3-1　2018年国新办举行的例行吹风会主要发布内容**

| 时间 | 发布内容 |
|---|---|
| 1月19日 | 介绍《关于进一步支持农民工等人员返乡下乡创业的意见》 |
| 1月26日 | 介绍《国务院关于加强质量认证体系建设促进全面质量管理的意见》 |
| 2月9日 | 介绍2017年国务院部门办理人大代表建议和政协委员提案情况 |
| 2月27日 | 介绍《快递暂行条例》和快递业发展相关情况 |
| 3月30日 | 介绍深化增值税改革措施和《国家融资担保基金设立方案》 |
| 4月9日 | 介绍进一步清理规范政府性收费有关情况<br>介绍留学回国人员创业创新工作有关情况 |
| 4月16日 | 介绍《关于促进"互联网+医疗健康"发展的意见》 |
| 4月23日 | 介绍《关于推行终身职业技能培训制度的意见》 |
| 5月3日 | 介绍支持小微企业发展等减税措施有关情况<br>介绍推动银行保险机构提升普惠金融服务能力有关情况 |
| 5月4日 | 介绍《关于进一步压缩企业开办时间工作的意见》 |
| 5月7日 | 介绍工程建设项目审批制度改革有关工作情况 |
| 5月11日 | 介绍国务院对2017年落实重大政策措施成效明显地方予以表扬激励的情况 |
| 5月22日 | 介绍简化外资企业设立程序、实现商务备案与工商登记"一口办理"工作情况 |
| 5月25日 | 介绍教育投入继续向困难地区和薄弱环节倾斜有关工作情况<br>介绍加快推进奶业振兴发展的意见有关情况 |
| 6月1日 | 介绍降低日用消费品进口关税有关情况 |
| 6月1日 | 介绍《关于建立残疾儿童康复救助制度的意见》 |
| 6月8日 | 介绍开展"双随机、一公开"监管有关情况 |
| 6月8日 | 介绍积极有效利用外资推动经济高质量发展若干措施有关情况 |
| 6月13日 | 介绍《国务院关于建立企业职工基本养老保险基金中央调剂制度的通知》 |
| 6月20日 | 介绍《打赢蓝天保卫战三年行动计划》 |
| 6月22日 | 介绍加快境外上市新药审评审批有关工作情况 |
| 7月2日 | 介绍深入推进"互联网+农业"促进农村一、二、三产业融合发展有关工作情况 |

续 表

| 时间 | 发布内容 |
| --- | --- |
| 7月2日 | 介绍调整交通运输结构提高综合运输效率有关工作情况 |
| 7月6日 | 介绍进一步扩大科研人员自主权的相关措施 |
| 7月10日 | 介绍修改《全国经济普查条例》 |
| 7月17日 | 介绍《人力资源市场暂行条例》 |
| 7月25日 | 介绍本地区在加快打造公平竞争的营商环境等方面的做法 |
| 7月26日 | 介绍财政支持实体经济发展有关情况 |
| 7月27日 | 介绍本地区在优化营商环境方面的做法 |
| 8月1日 | 介绍《国务院关于推进国有资本投资、运营公司改革试点的实施意见》 |
| 8月21日 | 介绍金融更好服务实体经济,有效缓解企业融资难融资贵有关情况 |
| 8月24日 | 介绍跨省异地就医住院费用直接结算有关情况 |
| 9月5日 | 介绍完善国家基本药物制度相关工作情况 |
| 9月21日 | 分别介绍在全国有序推开“证照分离”改革,持续解决“准入不准营”的问题和深化工业产品生产许可证制度改革,营造公平市场竞争环境等方面情况 |
| 9月27日 | 介绍优化口岸营商环境、促进跨境贸易便利化有关情况 |
| 10月11日 | 介绍棚户区改造有关工作并答记者问 |
| 10月17日 | 解读《国务院办公厅关于加强长江水生生物保护工作的意见》 |
| 10月26日 | 介绍设立民营企业债券融资支持工具,以市场化方式缓解企业融资难等情况 |
| 11月1日 | 介绍《行政区划管理条例》有关情况 |
| 11月9日 | 介绍中国在优化营商环境方面的政策举措 |
| 11月13日 | 介绍《专利代理条例》修改的有关情况 |
| 11月23日 | 介绍支持自由贸易试验区深化改革创新若干措施有关情况 |
| 12月5日 | 介绍《关于做好当前和今后一个时期促进就业工作的若干意见》 |
| 12月7日 | 介绍跨境电商零售进口过渡期后有关政策 |
| 12月19日 | 介绍推进农业机械化和农机装备产业升级的政策措施有关情况 |
| 12月20日 | 介绍全面推行行政规范性文件合法性审核机制有关情况 |

续 表

| 时间 | 发布内容 |
|---|---|
| 12月21日 | 介绍体育竞赛表演产业相关政策 |
| 12月24日 | 介绍国务院印发的《个人所得税专项附加扣除暂行办法》 |

## 二、社会发展成果展示

充分展示社会发展成果，这是党委、政府新闻发布的重要内容之一，对推动社会经济发展和稳定市场都发挥着显著作用。

展示我国社会发展成果的新闻发布主要有以下三个类型：

一是围绕时间节点的经济数据发布。如在2019年1月21日国务院新闻办公室举行的新闻发布会上，国家统计局负责人介绍了2018年我国经济的整体运行情况，称2018年经济运行保持在合理区间，全年国内生产总值达900 309亿元，按可比价格计算比上年增长了6.6%，实现了6.5%左右的预期发展目标。

除国新办每年、每季度就我国经济发展状况召开新闻发布会外，各地区每年、每季度也会围绕该地区经济发展状况召开相关的新闻发布会。

二是围绕重要社会事件的历史节点发布。2018年是我国改革开放40周年，全国各地纷纷就改革开放40年来各地区的巨大变化举行新闻发布活动。如北京市于12月7日举办了“走好改革路 奋进新时代——北京市庆祝改革开放四十周年系列发布会”，详细介绍了北京自改革开放以来所取得的巨大成就。

三是围绕重大政策的发展成果发布。围绕国家的重大方针政策，展示政策实施后给全社会带来的巨大变化，如2019年是西藏民主改革60周年。3月26日，中国西藏文化保护与发展协会和中国藏学研究中心联合在北京召开新闻发布会，会上推出了“西藏民主改革60年系列丛书”；3月27日，国新办举行新闻发布会，发布了《伟大的跨越：西藏民主改革60年》白皮书，这场发布会围绕中央脱贫攻坚的大政方针，充分展示了西藏近年来所取得的发展成就。

## 三、突发公共事件应急公开

突发公共事件是指突然发生、已经造成或者可能造成重大人员伤亡、财产损失、生态环境破坏和严重社会危害、危及公共安全的事件。

根据突发公共事件的发生过程、性质和机理，我国将突发公共事件分为了四类，即：自然灾害类、事故灾难类、公共卫生事件类和社会安全事件类。每一类型按照性质、严重程度、可控性和影响范围等因素，又可再分为特别重大、重大、较大和一般四级。突发性事件具有突然性、灾难性、混乱性、社会舆论焦点性等特点，给政府形象和执政能力建设带来一定的挑战。

在党委、政府新闻发布工作中，虽然日常新闻发布占据了主体地位，但对社会影响极大的突发性事件的新闻发布却更为引人关注，这主要是因为突发性公共事件一旦发生，很快就会成为社会热点，受到媒体聚焦与公众热议。如果党委、政府不能及时发布权威信息，正确有效引导舆情，就会导致事态扩大，影响社会稳定。在社交资讯平台愈加多样、公众获取信息的速度不断加快、传播内容不断增多的今天，党委、政府必须以最快的速度发布权威信息，否则就可能出现谣言四起的状况，既影响社会稳定，也消减了党和政府的公信力。

2007年11月实施的《突发事件应对法》明确规定：各级政府部门必须及时、准确、客观、全面地发布有关突发事件的新闻信息，对于因瞒报、谎报、迟报、漏报而延误时机或造成重大影响的，要追究相关人员的责任。2008年5月实施的《信息公开条例》也强调：突发公共事件的应急预案、预警信息及应对情况等应重点公开。因此，当突发性公共事件发生后，党委、政府应按照这些法律法规的要求，本着透明公开的原则，迅速将重要信息公之于众，并及时回应社会关切，以最大限度保障公民的知情权和监督权，并实现有效的舆论管控。

2011年9月27日，上海市地铁10号线新天地站因设备故障，交通大学至南京东路上下行采用电话闭塞方式，列车限速运行。期间14时51分，豫园至老西门下行区间两列车发生追尾，事故造成271人受伤。

15时17分，上海地铁官方微博就10号线追尾事故发布消息并致歉称："今天是上海地铁运营有史以来最黯淡的一天。……无论最终原因和责任怎样，给市民乘客永久造成的伤害和损失尤感愧疚。"20时30分，上海市政府新闻办就追尾事故举行新闻发布会，上海地铁运营方负责人在发布会上对事故情况和处置过程进行通报，并再次表示道歉。

事故发生后，上海市相关部门及时反应，快速发布权威信息，减少了网络舆情，避免了谣言传播，从而赢得了公众信任，为事故善后处理争取到了有利的舆论空间。

## 四、回应重要舆情关切

舆情是民意的集中反映，积极回应重要的舆情关切，这既是各级党委、政府新闻发布工作的重点，同时也是难点。

随着互联网时代的到来，信息传播渠道和传播方式越来越多元化，谣言的散播速度也异常迅速，这就在很大程度上加大了党委、政府回应舆情事件的难度，一旦处置不当，甚至会使舆情恶化，加速负面舆情的扩散蔓延，使党委、政府的公信力受到挑战。因此，在人人都拥有“麦克风”，各家自媒体争相夺取流量的当下，党委、政府更需要在第一时间发声，将自己要说的话与媒体关注、公众关心的热点紧密结合，从而达到理顺公众情绪、化解舆情的目的。

2011年6月初，美国康菲石油公司与中海油合作开发的蓬莱19-3油田发生溢油事故，导致油田附近大片海域受到严重污染，海水由一类水质恶化为四类水质。

针对这起生产事故，相关责任单位却迟至7月1日才首次对外承认油田发生了渗漏，但又谎称“渗漏点已经得到控制”。7月3日，其又声称“原油泄漏范围比较小，只涉及200平方米左右，且已基本处理完毕。”然而国家海洋局却于7月5日表示：该起事故虽已得到控制，但溢油污染则达到了840平方公里，已对周边海域造成了危害。直到7月14日，美国康菲石油公司才首度披露事故数据，称溢油量达到了1500桶。如果以1吨石油约等于7.3桶计算，此次事故的漏油量大约为205吨。[①]

由于相关责任单位在近一个月时间里，不主动向社

① 参见路英：《康菲石油泄漏 扇贝养殖户超10亿元损失分别自担》，《证券日报》，2011年8月18日。

会披露消息，并且一直隐瞒事故真相，从而引起公众的强烈不满，国内外不少环保组织多次要求中海油和康菲石油公司尽快向公众公布事故详情，并就环境污染和瞒报事故的行为向公众道歉。可以说，有关单位对于这起事故的舆情回应，在一定程度上影响了我国的对外形象。

2011年3月中旬，日本福岛大地震引发核泄漏。受事件影响，国内不少群众担心海水受到污染，纷纷到商场、超市抢购食盐。

面对“谣盐”，为确保食盐市场稳定供应，中国盐业总公司一方面向全国各省、自治区、直辖市以及计划单位发出紧急通知，一方面在中央和地方多次举行新闻发布会，并通过报纸、微博等加强宣传引导，公布食盐保障供应措施，及时澄清谣言，普及科普知识，安抚民众情绪。最终新闻发布取得良好效果，权威声音“跑”过了谣言，食盐抢购风波在短短几天之内就被平息了。

### 五、重大活动提前告知

从党委、政府新闻发布的内容来看，重大活动的提前告知是不可或缺的。如全国“两会”的召开、中共重要会议的举行、国家领导人的外交活动等，一般都会提前发布新闻，告知社会，以引起各界关注。

2019年3月2日15时，全国政协十三届二次会议新闻发布会在人民大会堂新闻发布厅举行。

新任政协会议新闻发言人郭卫民首次亮相，向中外媒体介绍本次大会的有关情况并回答了记者提问。通过这场新闻发布会发布了全国政协会议相关内容，公众对大会即将要讨论的事项提前有所了解，这既有助于保障广大群众的知情权和监督权，也更容易引起社会全国政协十三届二次会议的广泛关注。

图3-1　全国政协十三届一次会议新闻发布会

# 第三节
# 新闻发布的渠道

## 一、传统渠道

1.新闻发布会

新闻发布会是党委、政府定期、不定期或临时举办的新闻发布活动，它或是直接向媒体发布信息，或是针对某个重大事件予以回应，或是对某项重大政策进行解读。

新闻发布会不仅能为党委、政府开辟通过媒体向公众发布新闻信息的渠道，使公众能够更好地了解有关政策和计划，而且还能为公众提供经由媒体向有关部门发言人进行提问的机会，有助于有关部门了解公众所关注的议题。

当重大突发性公共事件发生后，党委、政府迅速举行新闻发布会，发布重要信息，接受记者提问，往往能为事件的及时处置争取有利的舆论空间。

2016年7月19日，河北省邢台市遭遇特大暴雨袭击，该市大贤村有多位村民在洪灾中遇难。然而，无论网络上实时更新的雨情有多么严重，官方媒体却未及时公布具体、详细的灾情。

20日下午6时，邢台市经济开发区官员在接受记者采访时称：没有人员伤亡。22日上午10时，部分受灾村民及遇难者家属堵塞国道，官员和村民互相下跪，这一幕通过自媒体得到广泛传播，引起公众哗然。当晚19时许，邢台市政府官方微博“邢台发布”对外公布了受灾情况。23日，邢台市才首次召开新闻发布会，就社会关注的灾情问题作出回应。

自媒体在这起事件中一直起着重要的信息通报的作用，而官方主流新闻发布却一延再延。本应充当权威信息源的官方渠道，竟然在相当长时间里失语了。新闻发布的不及时，让广大群众对党委、政府产生了严重的不信任感，引发了公众对当地相关部门如潮的批评。

曾经担任教育部新闻发言人的王旭明认为，在召开新闻发布会时，对于群众关心的问题以及记者提出的问题，发言人必须端正态度，真诚对待，据实回答。对于突发性公共事件的新闻发布，至少应考虑到5个方面的问题，即：尽快搜集并公布事实真相；迅速成立危机处理小组；慎重选择新闻发言人；及时澄清社会负面消息和传闻；掌握议题建构的主动权。

2.媒体吹风会

媒体吹风会又称“记者吹风会”，它是一种非正式的新闻发布渠道，是新闻发布会一种重要的辅助形式。

媒体吹风会的主要内容有：配合重大新闻事件进行宣传，向媒体介绍事件的背景、原因；向媒体介绍党委、政府相关活动的主要内容与安排。当发生重大突发性公共事件时，党委、政府举行媒体吹风会，可以及时地与媒体进行沟通，为媒体提供常规新闻和重大活动的背景资料，对媒体提出新闻宣传的意见和建议，促进事态向着良性方向发展。此外，假如事件争议较大，或是要出台新的政策（如医疗改革、开征房产税等），也可借媒体吹风会先“吹吹风”，看一看舆论的反应。

媒体吹风会以沟通交流为主，气氛较轻松，党委、政府部门可以邀请少数重要媒体，或是与己关系良好的媒体参加。吹风会的内容一般不作直接报道，也不对外公布具体的发布人。

2019年3月26日召开的国务院常务会议，落实了降低社会保险费率的相关部署，明确了具体的配套措施。不久之后，《降低社会保险率综合方案》正式对外公布。

为帮助公众更好地了解这一举措，国务院新闻办特地举办了《降低社会保险费率综合方案》有关情况吹风会。人力资源和社会保障部、财政部和税务总局有关人员在吹风会上简要介绍了《降低社会保险费率综合方案》出台的背景和内容，并回答了记者提问。这场吹风会对《降低社会保险费率综合方案》的解读，消除了公众疑虑，有助于推动政策的顺利实施。

3.记者招待会

这是由党委、政府派出代表或通过知名人士主动约见媒体，或者是安排独家或多家媒体进行采访，以此传递新闻信息的一种新闻发布方式。

举办记者招待会，既可以体现党委、政府在新闻发布活动中的主动性，也便于党委、政府根据自身需要而有选择性地接触媒体。记者招待会可以定期举办，也可以不定期举办；它可以是正式的，也可以是非正式的。总之，机动性和灵活性都很强，便于党委、政府与新闻媒体进行深度交流。

为让党和国家的各项政策深入群众，同时也为增强中国的国际话语权和国际地位，承担中国应负的国际责任，党委、政府与中外媒体利用召开记者招待会来维系深度交流，如今已渐成常态。

十三届全国人大二次会议和全国政协十三届二次会议于2019年3月3日至15日在北京召开。15日上午全国人大二次会议闭幕后，国务院总理李克强在人民大会堂出席记者招待会，会见了前来采访会议的中外记者，并回答了他们提出的诸多问题。在这场记者招待会上，中外记者就我国的民生保障和外交政策等向李克强进行提问，李克强则一一作答。通过一问一答，公众得以清晰、全面地了解到中央政府有关国内外的各项方针政策，从而实现了最佳的传播效果。

4.新闻公报

新闻公报指的是新闻发言人由党委、政府授权宣布某个新闻事实，或是对某个政治、社会事件发表声明。它代表着党委、政府的立场、态度和主张，是党政机关和人民团体公开发布重大事件或重要决定的报道性公文，也是一种特殊的新闻发布方式。

由于发布新闻公报具有极强的政治严肃性，它一般只在特定场合才使用。新闻公报（包括声明、谈话）的内容可以通过传统媒体发布，也可以通过新媒体进行发布。

食品安全是一个老生常谈的话题。在食品安全领域，各种假冒伪劣食品、“问题食品”经常出现，尽管市场监管部门定期和不定期地加以抽查，但仍会不时出现各种食品安全问题。

2019年央视3·15晚会曝光了包括不卫生辣条、不合格鸡蛋等在内的一批不安全食品。同年3月，又有媒体曝光了四川省成都市某学校学生食堂食物发霉的问题，由此在网上引发热议。

对此，有关部门迅速采取措施整顿市场，并对相关管理人员进行处罚。中共中央办公厅和国务院办公厅随即印发新闻公报——《地方党政领导干部食品安全责任制规定》(以下简称《规定》)。该《规定》从食品安全工作中的主要职责、建立监督考核机制和奖惩机制等方面，对地方党政领导干部的食品安全责任进行了规范，向社会表明了党和政府对食品安全问题的高度重视，以及坚决处理好食品安全问题的决心。

5.传统媒体

在自媒体时代，传统媒体（如报纸、广播、电视等）面临着严峻挑战，“人人都是通讯社、个个都有麦克风”的网络环境，使得网上各类信息良莠不齐，让人难以辨别真伪，公众迫切需要权威和可靠的信息传播者，而具有严格制度规范的传统媒体，则能对各类信息起到“把关人”的作用。

因此，党委、政府应积极、主动地在传统媒体上发布新闻（如提供新闻通稿等），或是邀请传统媒体记者进行采访，这既能体现新闻发布的主动性，又能很好地把控传播范围。传统媒体也应认清和利用好自身优势，注重打造媒体公信力，以提升舆论引导力，扩大党委、政府在群众中的影响力，实现新闻的深度开发，寓思想性、指导性和可读性于新闻发布活动的全过程。

截至2019年6月，我国互联网普及率已达61.2%，网民人数高达8.54亿，较2018年增加了2598万。尽管如此，网民人数仍低于13.22亿的电视观众规模。[1]可见，传统媒体在新闻发布中依然具有用户基数大、覆盖范围广等优势，因此党委、政府新闻发布必须对传统媒体加以高度重视。

如今，无论是央视的《新闻联播》，还是各省、市电视台开办的新闻类节目，都会在黄金时段播报党委、政府的政务新闻，并适时就重要新闻发表评论，以引导舆论。2019年5月13日央视《新闻联播》就“中美贸易战”播发“国际锐评”称，对于美方发起的贸易战，中国早就表明了态度：“谈，大门敞开；打，奉陪到底。中国经济是一片大海，而不是一个小池塘；狂风骤雨可以掀翻小池塘，但不能掀翻大海；经历了无数次狂风骤雨，大海依旧在那儿！”这篇评论播出后，很快就在网络发酵，引发广泛讨论。

一份严肃报纸所发布的新闻，经过了经验丰富的职业记者和编辑的层层把关，能让读者更容易获取党委、政府所要发布的重要信息。

就国务院发布实施的《关于推动创新创业高质量发展打造“双创”升级版的意见》（以下简称《意见》），《人民日报》特地邀请国家发改委有关人士对《意见》进行解读，这篇解读文章刊发在2018年10月8日的要闻版上。此文对我国如何升级创新创业，如何发力完成“双创”，都进行了详细介绍和高水平解读。《人民日报》对

① 参见《2019年上半年中国互联网发展呈现六大趋势特点》，人民网，2019年8月30日。https://baijiahao.baidu.com/s?id=1643259946391285843&wfr=spider&for=pc.

类似政策的细致解读，让公众能清楚明了来自党委、政府的声音，从而更易于凝聚社会共识，这也是传统媒体所具有的独特优势。

## 二、新兴渠道

1.党务政务网站平台

如何实现“互联网+政务服务”，这是近年来各级、各地党委、政府的工作重点之一，而利用大数据、云计算等互联网技术搭建信息发布平台，将党务政务进行统一整合，创建一体化信息公开网站，能够有效解决党委、政府在互联网时代所遇到的诸多新问题。

当重大突发性事件发生后，党委、政府应尽快将相关新闻刊登在所办官网上。如因故无法在事发4小时内召开新闻发布会，也应于第一时间在网站公布后续新闻发布会召开的具体时间和地点，以方便媒体采访报道。

在由中央纪委、监察部主办的中央纪委监察部网站中，其“审查调查”和“巡视巡查”栏目常常会在第一时间发布中纪委、监察部和各级纪检监察机关查办的案件，其中一些广为社会关注的大案、要案，深受网民关注；“党纪法规”栏目则汇集了与党风廉政建设和反腐败工作有关的党内法规制度和国家法律法规；“监督举报”栏目开设了举报窗口，旨在鼓励群众参与举报，真正构建起了党群联动、共同监督的良好运行机制。

2.党务政务微信微博

2013年10月，国务院办公厅印发了《关于进一步加强政府信息公开回应社会关切提升政府公信力的意见》，指出：应

"着力建设基于新媒体的政务信息发布和与公众互动交流新渠道。各地区各部门应积极探索利用政务微博、微信等新媒体，及时发布各类权威政务信息，尤其是涉及公众重大关切的公共事件和政策法规方面的信息，并充分利用新媒体的互动功能，以及时、便捷的方式与公众进行互动交流。"

由此可见，随着新媒体时代的到来，政务微博、微信正逐渐成为党委、政府进行新闻发布的重要渠道，网民只要打开官方微博、微信，就能够快速地刷看党务政务信息，并可使用转发、点赞、评论等功能参与互动，显示出比传统媒体更好和更快的传播效率。

商务部新闻办公室官方微博"商务微新闻"每天更新6至8条政务信息，粉丝达623万。这些信息以图片、表格以及超链接等形式进行发布，日阅读量在1万次之上。

在"商务微新闻"推送的要闻中，"政务"被分类为"一图读懂""要闻""经贸指南""直击两会"等栏目，并将各国要闻加以归纳，网民只需在后台输入国名，便能迅速接收到相关新闻。2018年6月8日，该官微"一图解读"发文《习主席说这个会展"不一样"》，以长图形式报道了在上海举办的首届中国国际进口博览会，文章从主题、内涵和亮点等方面对该博览会进行了网络化解读。

党务政务微博、微信所具有的反馈功能，还可以使党委、政府在新闻发布之后，仍能与社会大众进行沟通互动，修补受损的社会形象。

2011年6月26日，有网友在天涯社区发布了一则题为《太假了，我县的宣传图片》曝料帖称，四川省凉山彝族自治州会理县政府公共信息网上一篇题为“会理县高标准建设通乡公路”的新闻，配图竟是一张经过了PS的“悬浮照”。该曝料帖迅速被网友围观，照片上几位县领导也遭到网友PS恶搞，“悬浮照”一时成为网络热词。

时隔仅一天，会理县政府便在政府网站、官方微博和天涯论坛上发表致歉信称，由于拍摄的照片在光照、角度和背景上存在问题，故网站人员在使用照片时，错误地进行了拼接和修改，同时公布了“悬浮照”的3张PS素材照片。可见，政务微博除了能够展现政府良好形象外，也为政府反思过失、修补形象提供了平台。

3.党务政务客户端

党务政务客户端能够为广大群众提供更加便利的服务，并能与他们进行更加顺畅的沟通互动。随着客户端的大量推广使用，党务政务新闻发布和舆情处理也将变得更集中、更高效。

中山大学政务App研究小组于2016年对我国70个大中城市的政务App进行调查发现，除丹东以外的69个城市共推出了316个政务App，分布于交通、社保、民政、旅游、公共安全等各个方面；政务App在不同领域存在着不平衡的现象，其中交通类、综合类、社保民政类和旅游类App占比超过了六成，而新闻资讯、天气、工商服务和文化体育类政务App则占比不足一成。[①]

政务App推出的目的主要是为了拉近政府与群众的距离，更好地解决人们的问题，与民众进行更好地交流与互动。该研究小组建议政府在开发App时，必须注重数量与质量的同步提升。如江苏省政务App“江苏政务服务”，包含了该省市场监管、税务、司法等9家省级单位和南京、苏州、无锡等13家市区级政务单位，以及盐城城南、无锡惠山和扬州广陵等50家区县级政务部门。这种按照新闻发布类别和地区细化服务的做法，在给广大群众带来便利的同时，也有效提高了政府的工作效率。

由浙江日报报业集团开发的掌上客户端“浙里办”，是基于浙江政务服务网一体化平台而建设的全省掌上办事官方入口。

“浙里办”囊括了“掌上办事”“掌上咨询”“掌上投诉”三个核心功能板块，以及查缴社保、提取公积金、交通违法处理和缴费、缴学费等数百项便民应用。市民借助简单实用的“浙里办”，便可以很方便地在线咨询、办事及进行线上投诉。

① 《70个大中城市中69个城市推政务App共316个》，中安在线，2016年12月7日。http://news.anhuinews.com/system/2016/12/07/007521930.shtml.

图 3–2　“浙里办”App

4. 新媒体渠道

随着移动互联网时代的到来，碎片化阅读方式如今已越来越普遍，党务政务新闻发布也应借助新媒体手段来扩大传播范围和影响。比如可借助各类网络视频平台，来拉近党委政府与广大群众之间的联系，在一个轻松、愉悦的氛围中，将需要发布的信息传达给受众。这不失为一个很好的传播方法。

自2018年3月8日中央政法委官方网站“中国长安网”入驻抖音短视频平台，成为我国第一个抖音政务号以来，截至2019年初，我国已有5800家各级党政机构入驻抖音。[①]目前抖音上的政务号，已涵盖了旅游、文化、公安、共青团、法院、地方政府等各类机构类型。

陕西省西安市旅发委于2018年4月19日通过抖音召开新闻发布会，宣布与抖音达成战略合作关系。5月25日，西安市委宣传部牵头举办了“与抖音平台合作加强的宣传协调会”。该市旅发委借助抖音介绍当地丰富的旅游资源，短短15秒的短视频集旅游景点、美食文化、城市风貌和民俗习惯于一体，展现了一个全新的文明古都形象，受到公众热捧。该市交警支队拍摄的抖音短视频，动用了上百辆警车，启动无人机航拍，耗时3个多小时，给人以强烈的视觉震撼。

5.其他渠道

手机短信发布的新闻信息短小精炼，不受时空制约，因此，短信平台也常被一些党委、政府部门用作新闻发布的平台。

手机短信发布的新闻信息，篇幅不长，贴心温暖，很受群众欢迎。

2013年2月9日，北京市委、市政府给全体市民发出手机短信：“祝您新春愉快，阖家欢乐！同时提示您：五环路内除夕至初一全天、初二至十五7时至24时可以燃

① 参见《短视频：政务信息传播新阵地》，腾讯新闻，2019年12月5日。https://xw.qq.com/cmsid/20191205A08N9L00?f=newdc.

放烟花爆竹，其余时间为禁放时段。当遇空气重污染日时，建议您减少或停止燃放。感谢您的理解支持与配合。让我们共努力，建设美好北京。”

此外，近年来颇受热捧的各类融媒体平台，将音视频制作及新闻信息的采集、收录、策划、编辑、审核和分发等业务流程进行有效整合，从而形成“一次采集、多种生成、多元传播”的新格局，真正实现了信息传播的“资源通融、内容兼融、宣传互融、利益共融”。

人民日报中央厨房“融媒体工作室”，自2015年全国“两会”首次试运行以来，相继推出了一系列独家深度稿件、图片、图表、视频、H5等多类型新闻产品，目前可提供18个语种的新闻服务，并向全球500家主流媒体和新闻网站供稿。新闻报道手段、方法上的融媒体创新，既受到受众的青睐，也为党委、政府进行新闻发布提供了全新思路。

# 第四节
# 新闻发布的效果

新闻发布效果是指新闻发布内容的传播效果。所谓“传播效果”，即传播者在使用传播媒介将信息传递给受众的过程中，受众对传播者自身和社会所产生的影响，以及由此带来的其他方面的变化。党委、政府新闻发布是否有效果，就是看能否将党委政府、媒体和公众的诉求与需要统一起来，能否使新闻发布的内容最终让广大群众知晓、理解和满意。

## 一、判断新闻发布效果的依据

新闻发布效果如何，可以通过公众反应、谣言扩散程度、事件能否得到解决等多项指标来进行考察。新媒体时代，微博、微信、贴吧和论坛等都是舆情集中和高发区域，各级党委、政府应密切关注这些区域的舆情状况，了解真实民意，回应民众关切，释疑解惑，让谣言止步，以维护社会稳定。假如不能及时对舆情做出回应和处置，就有可能导致负面舆情泛滥，从而影响到党和政府的公信力。

2004年1月23日，广西壮族自治区南宁市隆安县丁当镇发现了首例疑似禽流感病例。国家禽流感参考实验室于27日确诊其为A/H5N1亚型高致病性禽流感，新华网于当天发布这一消息，并报道了政府部门出台的相关防治措施。此后，湖北、安徽、上海和广东等地也相继出现禽流感疑似病例，新华社等媒体均对其进行了及时报道。29日，时任国务院总理温家宝主持召开了国务院常务会议，研究部署禽流感防治工作。30日，全国防治高致病性禽流感指挥部正式成立。2月5日，国务院新闻办举行新闻发布会，邀请农业部副部长刘坚介绍了高致病性禽流感的防治情况并回答了记者提问，100多家新闻单位的记者参加了这场发布会。8日，卫生部要求已发现禽流感疫情地区必须实行禽流感疫情日报告制度，包括“零”病例的报告。从9日起，农业部在其官网上发布每日疫情通报，这些疫情通报被各媒体转载，向社会公布。

在此次抗击禽流感过程中，政府与媒体紧密配合，毫无隐瞒地发布相关信息，消除了社会恐慌，维护了人们正常的生活秩序，新闻发布取得了很好的效果。

## 二、新闻发布成效不足的原因分析

1.新闻发布不够及时完整

近年来，在一些突发性公共事件（如“周老虎”“躲猫猫”“钓鱼执法”“山东疫苗”等）发生后，有关部门最初的新闻发布内容常常与事实不符，以致在事实真相公布之前，就受到网民的普遍质疑，这就对新闻发布的公信力和发布效果产生了严重的负面影响。

2009年5月7日，20岁的胡某驾驶红色三菱跑车在浙江杭州街头与朋友飙车，将正行走在人行横道上的25岁青年谭某当场撞死。当夜，即有目击者将现场照片和事件经过贴在当地知名的网络论坛上，一时间，这个题为

“富家子弟把马路当F1赛道，无辜路人被撞起5米高”的帖子成了网民们讨论的热点。

5月8日，杭州市西湖交管部门召开第一次新闻发布会，向媒体通报了车祸事故的处理进展。警方称，依据肇事司机胡某和相关见证人的陈述，初步认定肇事车辆时速在“70码”左右，胡某承认当时未注意到行人的动态。这一信息的披露虽然主动、及时，但却失之准确，因而未能得到公众的认可，并招致现场目击者和网民的普遍质疑与不满。

“70码”的说法很快就将杭州交警推到了舆论的最前沿。舆论纷纷指出交警的处理有偏袒肇事方之嫌，并质疑这种偏袒背后是否有着权力的勾结。从5月9日到13日，杭州市有关部门不得不每天就网民的质疑进行回应。5月14日，有关部门向媒体公布了此次交通肇事案的鉴定报告，最终认定事故车辆在事发路段的行车速度处于84.1—101.2公里每小时的范围之内，且肇事车辆曾被改装。至此，沸沸扬扬历时两周的“杭州飙车案”才告一段落。

在此次舆情事件中，有关部门发布的信息不真实、不准确，是导致后续工作处于被动的最主要原因。

2.新闻发布难以满足群众需要

一些党委、政府新闻发布的内容缺乏吸引力，只注重涉及路线、方针、政策等宏观层面“务虚”的问题，而与群众关心、媒体关注的信息相脱节，从而沦为缺少实际意义的“我说你听”的政治宣讲；也有的新闻发布将“维护党和政府的形象”，片面理解为“家丑不可外扬”“不能说党和政府的坏话”，从而导致新闻发言人不是将满足群众信息需求放在首位，而是常常避重就轻，挑好听的说，或者干脆以“无可奉告”一推了之；还有的新闻发布话语体系过于老套，难以贴近受众，甚至不时出现雷人雷语，为公众侧目。

一些党务政务微博、微信内容陈旧，官腔严重，转发成风，公众难以真正了解到党委、政府需要发布的有用信息；还有的党务政务微博、微信，仅仅偏重于发布有关当地经济发展的内容，而对于群众亟须了解的其他政务信息避而不谈，严重影响了政务微博、微信的权威性和影响力。

2015年1月2日13时许，黑龙江省哈尔滨市北方南勋陶瓷大市场仓库发生火灾，着火仓库先后两次发生坍塌，5名消防战士不幸牺牲，令人心痛不已。然而，当地有关部门于次日发布的官方通报，却让人心里添堵。其中原因何在呢？

网民感到难以理解的地方，主要表现在以下三个方面：

一是为何烂尾楼成了大市场，又为何成了居民楼，通报中只字未提。

二是在火灾抢险救援中牺牲的5名消防战士被批准为烈士，并获颁献身国防金质奖章，有关部门还向家属发放了两万元的抚恤金。网友质疑：如果发放抚恤金是根据国家法律规定的话，那么两万元的数额是不是太少了点？

三是这份通报仅有585个字，但报道重点却都放在了省市领导的指示、批示上，体现“领导重视”的字数多达258个字，而有关消防战士遇难的情况只在通报末尾一笔带过。

这份充斥着官话套话、冷冰冰的通报，一经发布便触犯了众怒。通报在当地警方官微贴出几小时后，网友评论就超过了6千多条，他们对通报给予了强烈批评，并调侃称："这到底是事故通报，还是自我表白？"

3.发布者缺乏有效的沟通技巧

新闻发布者的专业化水平不高，是当前党委、政府新闻发布工作中存在的较为普遍的问题。

一些新闻发言人不熟悉如何与媒体打交道，他们态度冷漠、语言干瘪、举止失当，特别是习惯于居高临下，一味说官话、套话或不着办际的外行话；还有的新闻发言人缺乏对新闻传播基本规律的认识，缺乏最起码的新闻发布技巧，甚至拒不接受记者采访，因而无法承担公众期待，也难以满足媒体对党务政务信息知情的需要。由于一些突发性公共事件情况紧急，常常会有新闻发言人在事发现场念完通稿交差，有的干脆直接将准备好的通稿发给记者完事。一些新闻发言人习惯于常规的新闻发布，却忽视网络与新媒体的新闻发布，比如如何利用好微博、微信具有传播碎片化的特点，来简明、清晰地说明政策和发布新闻。新媒体时代对于发布者的语言表达能力提出了全新挑战。目前看来，相当多政务微博、微信运营人员在知识、技能和经验上，尚难以满足新媒体时代新闻发布的需要。

凡此种种，无不受到媒体和公众的诟病。

2012年4月，湖北省恩施土家族苗族自治州利川市人力资源和社会保障局为其直属事业单位——城乡居民保险管理局招聘两名工作人员。网友"被刷下的考生"在招聘结束后发帖称，在20多名应聘者中，具有研究生学历的有7人；面试成绩第一名是该局医疗保险股股长张某的儿子，第二名是该局就业服务股股长黄某的儿子。该网友认为，利川市人社局只选干部子女，不仅“自己人考自己人”，还搞“萝卜招聘”，最终变成了“世袭局”。

此事随即引起社会关注，有记者调查发现，利川市人社局此次招聘最终选出的两人确实均为该局内部职工子女，其中一人是该局某科室主任儿子，另一人是局下属二级单位一职工之子，两人分别是华中科技大学和南京大学研究生。据了解，此次共有7位来自利川市纪委、人大、政协、组织部以及人社局领导班子的人员参与了面试，面试采取封闭隔离，题目由面试考官现场商议确定。

“出现这样的结果只是一种巧合，不存在徇私舞弊行为。”利川市人社局党组书记谭某在接受记者采访时说。但据网友反映，有位考生虽然其他条件完全符合，但因原来有固定工作单位和编制而被拒之门外。对此谭某解释道：“有个考生报了名，但没有进入面试，因为其在宣恩县工作过几年，有事业编制，所以不符合要求。这点我们已经在面试前向该考生单独解释过，但考生仍无法理解。”

按照人社部有关要求，我国公务员招考年龄一般为“18周岁以上，35周岁以下”，“任何招录机关不得随意缩小公务员报考年龄范围”。然而此次利川市人社局选聘对象的年龄，却控制在本科生28周岁以下、硕士研究生32周岁以下，确实有“量身定做”之嫌。

恩施州人社局和利川市政府组成的调查组随后展开调查，发现此次招聘活动存在着“资格审查不细致、测试组织不严密”等问题，最终决定取消招聘结果，并要求按此前发布的招聘公告再次组织招聘。

值得一提的是，在这起事件中，利川市人社局除了不断重复“有关部门将立即展开调查”“将加强监管”“将公开招聘制度化透明化”等说辞外，自始至终都未透露此次招聘过程中违规违纪的细节，也没有向外公布对相关负责人的处理结果，从而引发公众不满，致使舆情一步步激化。

2015年8月12日晚，位于天津滨海新区的瑞海公司仓库发生爆炸。截至8月24日，天津市政府就爆炸事故共举办了14次新闻发布会。政府在这些新闻发布会上的问题频出，主要表现在以下三个方面：

一是信息收集能力遭到质疑。在前6次的发布会上，关于“事故原因”和“事故追责”的信息，新闻发言人均未能给出具体细节和详细说明。比如，当记者问及谁负责救灾时，发言人问答“将尽快了解”；当记者问及“是否存在大量高毒性氰化物”时，发言人多日后才给出回应。这种延迟无疑会降低政府的公信力，更为不实谣言提供了发酵空间。

二是发布会组织混乱引发次生舆情。政府在信息发布组织、统筹等方面存在着较大问题，比如，发布会延迟、记者提问环节中断、发布会出席人员不断变化、相关负责人未参加重要新闻发布等，这些都导致次生舆情接连引爆。

三是新闻发言人表达方式存在问题。如发布会开始时，发言人向媒体打招呼称“见到大家很高兴”，这种欠缺人文关怀的表述，给公众留下了政府冷漠的印象；当记者问及天津港消防支队失联队员情况时，发言人生硬回应，此事“不属于管辖范围”；当记者问及危险品与居民小区的安全距离时，发言人竟答“这不是我的职责”。这种相互推诿的话语方式，给公众一种拒人以千里之外的感觉。

4.“两微一端”活跃度不高

在新媒体时代，一些党委、政府部门不能很好地适应传播技术的变革和舆论环境的变化，“两微一端”的活跃度亟待提高。从新浪微博客户端不难发现，虽然各省、市政府新闻办官方微博的粉丝量不少，如“北京发布”粉丝量达856万、“上海发布”粉丝量达921万（均截至2020年4月）等，但这些官微与粉丝的互动情况却并不令人乐观，其每条微博的转发、评论及点赞量都不多。

通过微博、微信和公众号搜索发现，我国党务政务微博、微信账号和公众号覆盖率较高，并且已经渗透到了区县一级，但许多账号和公众号仅仅只开通了认证，却很少进行日常维护，有的甚至从未推送过新闻信息。一些党务政务“两微一端”仍主要以发布单向服务信息为主，内容多为生活提示、通知告示和政策解读等，很少有与网民的双向沟通和互动交流，这种状况正如2016年7月30日国务院办公厅下发文件所指出的那样，“与互联网对政府治理的要求相比，与人民群众的期待相比，一些地方和部门仍存在工作理念不适应、工作机制不完善、舆情回应不到位、回应效果不理想”[①]等问题。

2018年11月，中央人民广播电台《中国之声》“新闻纵横”栏目记者随浙江省纪委督导调研组在浙江省多地

① 《国务院办公厅关于在政务公开工作中进一步做好政务舆情回应的通知》（国办发〔2016〕61号），中华人民共和国中央人民政府门户网站，2016年8月12日。http://www.gov.cn/zhengce/content/2016-08/12/content_5099138.htm.

察访时发现，一些地方的党委、政府只注重“两微一端”的数量，而不注重其质量，他们把政务App变成了手机上的“政绩工程”，费财费力，最终成为“僵尸App”，反倒是耽误了公务人员的正常工作。在一些地方，“两微一端”的关注度与下载量成了基层干部的附加任务，凡事都要求在网上汇报的做法，被一些基层干部吐槽是“形式主义”。

湖州市长兴县一位社区工作人员称，他手机上共安装了10多个政务App，涉及党建、民政、社保和环保等不同领域。他说：“不少App和公众号都规定有转发和反馈任务，每天一上班，单是这块工作就占用了大量时间和精力。有些要截屏反馈，有些还要发到后台用于考核，一大早基本上要有两个小时左右的时间干这些活。”

据督导调研组在绍兴市新昌县某乡镇察访时统计，每位干部的手机上普遍装有七八个工作App和20多个工作类微信公众号。每天若要认真完成App上的“留痕”任务，就要耗费两个小时左右。更让基层干部头疼不已的是，不少上级单位开发出政务App以后，还要给下级单位下达推广任务。安吉县某社区工作人员表示，在平时工作中，拉人下载App或者关注政务公众号已经成了工作考核的一部分，不定期就会有新任务出现。

督导调研组察访时还发现，有些政务信息公众号，信息更新数量较少或长期没有进行动态更新。如丽水市某县政府认证的官方微博，总共只发布过3条信息；而金华市某县新闻办认证的官方微博，已经连续19个月没有更新过了。

5.存在以政府发布代替党委发布的现象

党委新闻发布与政府新闻发布虽然都秉持“执政为民”的理念，但两者在发布内容上却是各有侧重的。

党委新闻发布的主要内容有：党的重大路线方针政策、决策部署和党的建设情况；本地区本部门涉及党的工作的重大事件和热点难点问题的相关信息；党的代表大会情况，党委举办的重要会议活动；党员干部廉政情况等。

政府新闻发布的主要内容有：政府制定的重要规章、重大方针政策；有关规章和政策的执行情况及进展；政府部门关于社会关注的重大热点问题的主张；及时、准确、客观、全面地介绍重大突发性公共事件进展情况、政府举措和防范措施等。

由于中共是执政党，党委新闻发布与政府新闻发布必然会存在着紧密联系，两者在许多领域都有交叉，因此在一些地方就出现了以“政府新闻发布”代替“党委新闻发布”的情况，这也在一定程度上影响到了新闻发布的效果。

## 三、提升新闻发布效果的路径

作为党和政府提高执政能力与执政水平的重要保障之一，建设具有中国特色的党委、政府新闻发布机制，努力提升新闻发布的效果，这是党和政府走向善治之路的必然要求。

1.新闻发布要及时主动

2016年11月，国务院办公厅印发了《〈关于全面推进政务公开工作的意见〉实施细则》，要求“对涉及群众切身利益、影响市场预期和突发公共事件等重点事项，要及时发布信息。对涉及特别重大、重大突发事件的政务舆情，要快速反应，最迟要在5小时内发布权威信息，在24小时内举行新闻发布会，并根据工作进展情况，持续发布权威信息，有关地方和部门主要负责人要带头主动发声。”在互联网时代，信息传播的速度愈来愈快，这就要求对于重大舆情事件或突发事件，回应要快速及时，否则稍有不慎，谣言就“走”到了真相前面。

2.新闻发布要满足公众需求

新媒体改变了受众接收信息的方式，受众不再是被动地接收信息，而是根据自己的需求来选择自己想要知道的信息。新闻发布者要想实现更好地发布效果，就必须了解受众心理，满足他们的需求。

习近平总书记指出：“一个政党，一个政权，其前途和命运最终取决于人心向背。”[①]在互联网时代，党委、政府新闻发布工作必须坚持以受众为中心的理念，把发布主体与受众之间的关系视为新闻发布最根本和最重要的关系，强化“以人民为中心”的理念，把焦点放在把握受众需求上，而不是仅仅聚焦于传者端的技术更迭，要弄清受众才是主导新闻发布和信息传播趋势的根本力量。党委、政府新闻发布必须转变为人民为中心、受众为中心。

3.新闻发言人要提升自身素养

新闻发言人的主要工作是通过语言表达来传递信息、解决问题，因此他们除了要懂政治、懂新闻、懂党务、懂政务外，还要坚持党性原则，具备互联网思维，适应新时代和新形式。在发布工作中，新闻发言人要努力提升自己的智商、情商和媒商，要善于做好舆论引导和舆情分析，要积极借助各种媒介主动进行宣传。

新闻发言人的专业素养体现在多个方面，如解读政策的能力、沟通表达的能力、进行危机公关的能力以及与媒体协

① 《习近平谈治国理政》，外文出版社2014年版，第15页。

调沟通的能力等。在新闻发布工作全过程中，新闻发言人应仔细研判在什么时间举行发布会，用哪种方式发布新闻，如何组织筹备，如何对外宣传，怎样处理危机等，这些都与其专业素养密切相关。

# 第四章 党委、政府新闻发布机制运行特点

# 第一节
# 社会关注越来越高

经过数十年的实践探索和改革发展，我国党委、政府新闻发布机制建设取得了积极成效，积累了丰富经验，促进了各级党委、政府的公共管理，帮助党委、政府树立了民主、透明、高效的社会形象，推进了社会治理体系的现代化。

公众普遍认为当前党委、政府新闻发布机制能够有效保障媒体和公众的知情权，这些发布活动可以较好地满足公众需要，也基本满足了媒体采访报道的需求。其原因主要有以下三点：

首先，从发布内容来看，党委、政府发布的新闻大多属于政务新闻类型，其中包含了新政策、新法规、新趋势等与民众生活息息相关的内容，这些信息反映了当下的社会环境及其变动现状，与百姓的衣食住行等民生问题密不可分，符合民众对信息的需求。

其次，从发布主体来看，党委、政府直接发布的信息往往比媒体所发布的新闻更快速、更准确。同时，作为新闻发布主体，各级党委、政府也比媒体更容易受到群众的信任。根据传播学“使用与满足”理论，群众之所以会积极关注党委、政府的新闻发布活动，最主要的目的就是为了掌握与其自身相关的各类信息，以便能及时有效应对。

最后，以党委、政府为主体的新闻发布活动，对于民众来说也是表达个体政治参与、传递自身合理诉求的有效窗口。因此，党委、政府新闻发布活动是一个传受双方互动的过程，民众不仅仅只是单纯的受众，他们对于某一具体新闻信息或是某一机构的态度和评价、建议，可以通过新闻发布活动及时、直观地反馈给发布主体，这些反馈对于党委、政府来说具有相当大的价值。

以微信公众号为例，由于微信在社交媒体中占有率极高，用户基数庞大，用户黏度很强，日益成为信息传播和信息服务的重要平台。近年来，以党委、政府为主体注册的政务类微信公号如雨后春笋般涌现。据《中国电子政务年鉴（2015）》统计，截至2015年8月底，我国开设的政务民生微信公众号已超过8.3万个，覆盖全国31个省份，其中省、市级部门开通的政务微信公众号占比84.7%。

2019年1月，腾讯公司发布的《2018微信公众平台政务、媒体类账号发展报告》及《2018年网络谣言治理报告》两大报告显示，我国政务新闻及官方媒体类微信公众号的粉丝总量已达35亿，相当于每个微信用户关注了2.3个政务号和1个官方媒体号。

> 截至2020年6月，由国务院办公厅主办的“中国政府网”官方微博已拥有1882万粉丝关注，在2020年第一季度“全国二十大中央机构微博”排行榜中排名第13位。[①]在微信公众号平台上，“中国政府网”每篇推送内容的阅读量也颇为可观，其中评论区互动率很高，有许

① 参见《〈2020年第一季度政务微博影响力报告〉发布》，人民网，2020年6月3日。http://yuqing. people. com. cn/GB/n1/2020/0603/c209043-31733889.html.

多都是阅读量“10万+”的“爆款”新闻。同名官方客户端在苹果应用商店拥有3811个评论，虽然综合评分为3.9，但其中五星评论所占比例远高于低星评分；在安卓应用市场，其评分为3.5，评论有513条。虽然整体评分有待提高，但不难看出，群众对于党政机关新闻的需求不仅存在，而且期望值也很高。

由共青团中央主办的“共青团中央”官方微博，以其庞大的用户关注量、活泼的用户互动频率和巨大的网络影响力，一举成为新媒体中的佼佼者。2019年5月12日，“共青团中央”发布的一则与汶川大地震相关的新闻，两天内点赞量便达“8万+”，评论达4414条，转发达9235次。

截至2020年6月，“共青团中央”官微已拥有1453万粉丝量，日均阅读量达“100万+”，日均互动数在20万以上，其在微博政务排行榜月榜、周榜和日榜中均位居首位。

## 第二节
## 发布渠道越来越多

随着传播媒介不断丰富，传播方式日益多元，我国党委、政府新闻发布的渠道也呈现出越来越多样化的态势。除传统电视、广播、报纸、杂志等发布平台外，政务微博、微信、数字报纸、数字电视、数字广播、数字杂志、手机短信、手机客户端、桌面视窗、数字电影、触媒体等新媒体发布平台也正被广泛使用。在新媒体推动下，党委、政府新闻发布被赋予了内容生成即时性、内容获取即地性以及内容传播互动性等新特色。

2004年，我国开始步入互联网Web2.0时代，一个可以自由分享生活内容、以兴趣为聚合点而组成的开放性社群信息平台逐渐形成。随着"两微一端"的兴起，公众对于政务公开化、透明化的呼声日益高涨，有力地推动了"微政务"的快速发展。"微政务"是指在电子政务2.0模式下，由党委、政府推出的以"微博+微信"为主要平台的一种公共管理方式，它在社会管理创新、政府信息公开、新闻舆论引导、倾听群众呼声、树立政府形象以及鼓励群众政治参与等方面，都起到了积极的作用。

2016年，中共中央办公厅、国务院办公厅印发《关于全面推进政务公开工作的意见》，强调政务公开工作要充分利用政务微博、微信、政务客户端等新媒体平台，以社会需求为导向，以新闻媒体为载体，推行“互联网+政务”，扩大公众参与，促进党委、政府有效施政。

截至2019年12月，经过新浪平台认证的政务机构微博达138854个。我国31个省（区、市）均已开通政务机构微博，其中河南省各级政府共开通政务机构微博10185个，居全国首位；其次为广东省，共开通政务机构微博9587个；接着是江苏、四川、浙江等省份，分别开通政务机构微博9159个、9118个、8039个。各级政府共开通政务“今日头条号”10582937个，我国31个省（区、市）均已开通政务头条号，其中开通政务头条号数量最多的省份为山东，共开通8325个政务头条号；其次是河南，共开通7485个政务头条号；接着是四川、甘肃、内蒙古等省份，分别开通6054个、4384个、4108个政务头条号。从政务抖音号来看，截至2019年12月，我国31个省（区、市）均已开通政务抖音号，各级政府共开通政务抖音号17380个，其中开通政务抖音号数量最多的省份为山东，共开通1175个；其次是四川、甘肃、湖北等省份，分别开通政务抖音号950个、916个、827个。[①]

据不完全统计，截至2016年1月，我国开通的政务微信公众号已超过10万个，政务微信实现在各省、市、自治区全面覆盖，并呈现出加速发展的态势。据《2016政务微信发展报告》显示：“共产党员”“上海发布”“中国政府网”占据了当年度政务微信传播影响力排行榜的前三名；在级别分布上，地市级账号表现抢眼，其中浙江省上榜微信数量最多；此外，各类别微信账号特色鲜明，公安、宣传、团委类微信活跃度

① 参见《2019年中国政务新媒体发展现状：政务微博及头条号数量均增长》，中国报告网，2020年4月30日。http://free.chinabaogao.com/it/202004/04304914Y2020.html.

较高。从总体上看，政务微信在政务公开、资讯推送和公共服务方面正逐步架构起“以部门职能为特色，以便民服务为主导”的智慧平台与“掌上政府”，已日趋成为发布政府信息的新媒体、提供公共服务的新平台和实现政民互动的新渠道。①

2019年3月27日，云南财经大学一副教授在微博上以“科研狗的基金梦”为题发帖称，2017年3月，她以“腐败对企业逃税的影响效应研究”为课题申报国家自然科学基金项目，同时又以该题目撰写了博士论文。2019年3月，当她对博士论文进行查重时，发现与湖南大学学生刘某某2018年4月所写硕士论文“腐败对企业逃税的影响研究”高度重复，遂怀疑刘的论文剽窃了她所撰写的国家自然科学基金申请书。

3月28日，云南网对该副教授进行采访后发表了《云南一高校教师自称论文被人“剽窃”》的文章。同日，湖南大学官方微博回应称，学校对此事高度重视，已成立工作组展开核查，核查结果将及时对社会公布。

4月2日，湖南大学通过官方微博发布《关于刘某某硕士学位论文涉嫌学术不端问题的调查及处理说明》，决定撤销刘某某的硕士学位，给予其导师警告处分，取消其硕士生导师资格，并调离教学岗位。至此，该事件落下帷幕。

云南财经大学这位副教授之所以选择在个人微博上维权，正是看中了微博信息即时分享、传播速度快和影

① 参见韩家慧：《2016政务微信发展报告发布》，新华网，2017年3月29日。http://www.cssn.cn/dybg/gqdy_gdxw/201703/t20170329_3470417.shtml?COL-LCC=3468178372&.

响范围广等优势。数据表明，该教师首条微博发出后，很快便被转发2.1万次，评论达2763条，连续7天占据了新浪微博的热搜榜。

作为云南省内唯一一家重点新闻网站，云南网通过其强大的复合传播力，凭借迅速、灵活和高效的信息发布机制，在第一时间内满足了公众的知情权。

而湖南大学在事件曝光后的第一时间就宣布成立工作组，并在官微公开表达校方对学术不端“零容忍”的态度，也获得了网民的广泛好评，其官微点赞数高达3.7万。

# 第三节
# 发布频率越来越高

随着信息公开越来越常态化，新闻发布也变得越来越高频率、高密度，党委、政府高效、透明、阳光和亲民的形象正日益凸显。据统计，仅在2010年至2013年短短3年时间里，中央和省（区、市）级党委及政府部门召开的新闻发布会就保持在每年1500场以上。[①]这一数量在世界范围内都是罕见的，它很大程度上改变了西方媒体对中国“密室决策”“暗箱操作”的刻板印象，同时也满足了自媒体时代公众对知情权、参与权、表达权和监督权的诉求。

2018年是我国新闻发言人制度确立35周年，也是中国新闻发言人制度化建设15周年。经历多年发展后，国务院各部委新闻发言人制度已日趋完善和成熟，并在信息化和全球化时代中呈现出全新的特色。

2018年8月，我国第三方研究机构“零点有数”选取国务院组成部门、直属特设机构和直属机构共37个机构，对它们官网中有关新闻发布和新闻发言人的信息进行了

① 参见史安斌：《推动新闻传播学的中国化时代化大众化》，人民网，2016年7月14日。http://media.people.com.cn/n1/2016/0714/c405866-28554683.html.

检索与监测，结果发现，在国务院各部委官网所发布的新闻发布会信息中，有30个部委披露了例行或专题新闻发布会的相关信息；有3个部委官网可以检索到新闻发言人的相关新闻（但无发布会信息）；只有4个部委既无官网，也未披露发言人和发布会的相关信息。

在这30个被纳入监测的国务院部委中，有18个部委定期举办记者招待会或新闻发布会，频次在每天到每年度不等。其中外交部于每个工作日召开例行记者会，并于当天在官网披露信息；商务部于每周召开2至5次新闻发布会；国防部和生态环境部等都设有月度例行新闻发布机制；民政部、人社部和海关总署等部委在每季度都会不定期举办专题新闻发布会。①

作为新闻发布的重要平台，党报党网在重要信息发布过程中起着不可替代的作用。

2017年7月人民网发布的《2017全国党报融合传播指数报告》显示，从新闻报道量、被转载量两个指标综合衡量，人民网、大众网、中国经济网、广西新闻网、光明网五家党报的官方微博，位列全国270家党报官方微博前五名。在新闻报道量上，全国有270家党报的官方微博平均每家每天发文10.2条，有26家党报每天发文超过30条；有23家官方微博每天发文在20至30条，有53家在10至20条，有35家为5至10条；近半数官方微博每天发文在5条左右。总体来看，近年来我国党报党网的官微活跃度明显提升。

① 参见《零点有数发布国务院部委新闻发布情况第三方监测报告》，零点有数集团，2018年8月20日。https://m.sohu.com/a/249008941_682144.

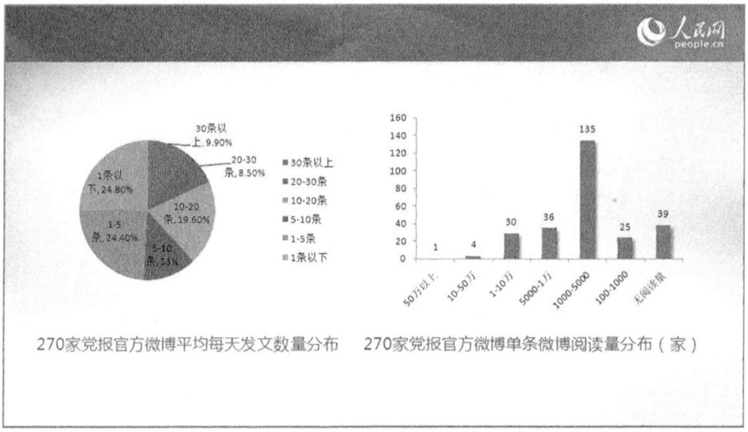


**图4–1　党报官微平均日发文量及单条微博阅读量（2017）**

以人民日报官方微博为例：2018年该官微共发布11851条微博，其中3、4、5、6、10、12月各发布1005条微博，其他月份则相差不大，其中1月发布939条，2月发布924条，7月发布989条，8月发布967条，9月、11月分别发布998条和1004条。人民日报官微年度平均每月发布微博987.5条，平均每天发布32.4条，每小时发布1—2条。

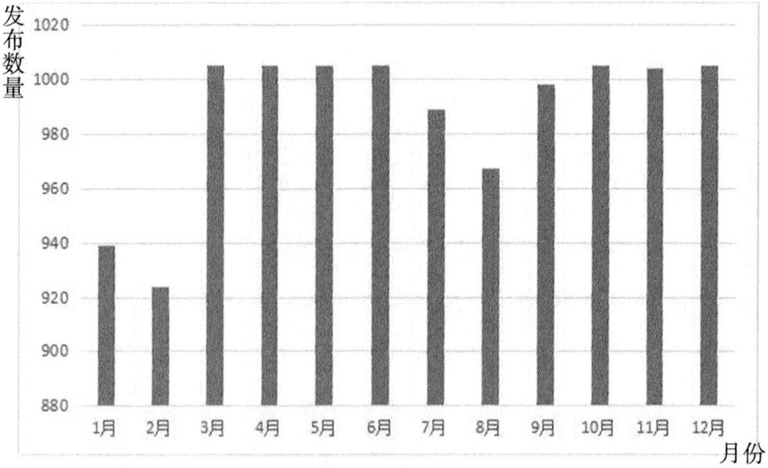


**图4–2　人民日报官微各月份发博数量（2018）**

在微信平台，我国共有255家党报开设了微信公众号，开通率为69.5%。人民日报微信公众号位列第一，其次为广州日报、杭州日报、经济日报和河北日报。其中，共有4家中央级党报、20家省级党报以及76家地市级党报的官方微信公众号入围百强。从发文情况看，平均每个百强账号日均发文5.8篇；平均每篇文章阅读量为7846次，头条文章阅读量约占全部阅读量的40%；平均每篇文章点赞量为200多次，头条文章平均获点赞500多次。

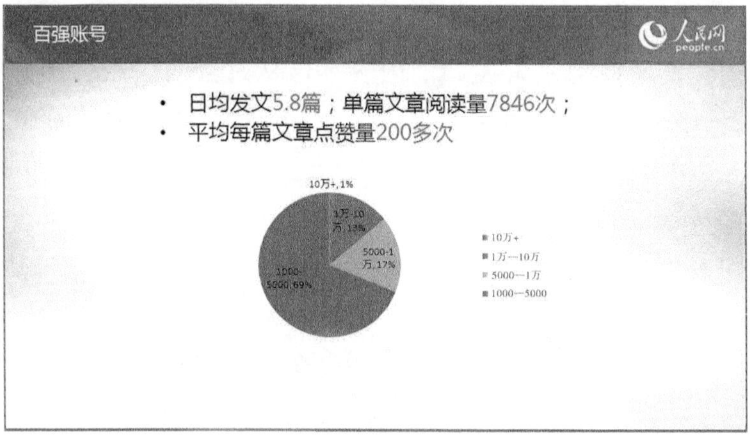


图4-3　百强党报微信公众号单篇文章阅读量分布（2017）

## 第四节
## 发布内容越来越广

党委、政府新闻发布的内容，已从过去的党政大事，扩展到人民群众社会生活的方方面面。以国新办为例，在2003年至2013年的10年间，国新办共举办了670余场新闻发布会，发布内容涵盖各类新闻事件，不仅有对西部大开发、央企改革等重大政策的解读，对“非典”、西藏拉萨暴力、禽流感防控等焦点事件、重大突发事件的信息发布，也有关于国民经济发展、人口普查、扩大消费和安全生产等日常工作情况的通报。

国务院办公厅“中国政府网”运行中心的官方微博——“中国政府网”的粉丝量约为1882万。如果将2019年1月1日至31日“中国政府网”发布的全部微博大致浏览一遍，可以发现其微博不仅发布数量众多，而且涉及范围也非常广泛。

## 表 4-1 “中国政府网”官微发布内容

（2019 年 1 月—2019 年 1 月 31 日）

| 主题 | 内容(举例) | 数量(条) |
|---|---|---|
| 解读政策,满足公众知情权 | 今后看病可能要用这张电子卡,关于它你了解多少？<br>件件都重要！国务院@你,别错过本周这七件民生大事<br>一图看懂2019年高校保送生招生 | 155 |
| 发布信息,稳定舆情 | 多部门联合整治“保健”市场乱象百日行动启动<br>国务院为何开年“三管齐下”？听听李克强怎么说<br>史上最大规模减税的受益者为何是小微企业？李克强为你详解缘由 | 6 |
| 决策公开,提高透明度 | 两部门公布2019年出口许可证管理货物目录<br>国务院任免国家工作人员(2019年1月11日)<br>文化与旅游部等17家单位将对文化市场严重违法失信主体以及有关人员实施联合惩戒 | 21 |
| 主动传播,互动沟通 | 2019,与你共赴新程 新年快乐!<br>值得收藏！手把手教你使用个人所得税App<br>海外中国公民护照政策大调整2019年1月正式实施<br>环游世界从这里开始吧 | 31 |
| 沟通中外,连接世界 | 多部门印发《企业境外经营合规管理指引》<br>特拉斯停在紫光阁外,李克强开年外事会别开生面<br>我国与36个国家和地区实现海关AEO互认 | 10 |
| 总计 | | 223 |

安徽省政府 2018 年共召开新闻发布会 105 次，发布

内容并不局限于政府会议和工作报告，而是涵盖了包括财政、医保、环境、绿化、科技、旅游和法律等在内的各方面内容。

**表4-2 安徽省政府官微发布内容（2018）**

| 选项 | 内容(举例) | 数量(条) |
| --- | --- | --- |
| 解读政策，满足公众知情权 | 我省促进民营经济发展有哪些最新进展？<br>与你有关！我省消费维权的这些重要信息，你都知道吗？<br>安徽推开"证照分离"改革！这些政策"大礼包"请收好 | 11 |
| 发布信息，稳定舆情 | 我省脱贫攻坚工作"成绩单"出炉！<br>五年来全省财政收入累计完成超2亿万元<br>我省推出"110"微信报警服务平台 | 17 |
| 决策公开，提升透明度 | 新版《安徽省定价目录》明天起实施<br>省环保厅通报土壤污染防治工作开展情况，快来围观<br>我省监管医保新规下月起实施 | 22 |
| 主动传播，沟通官民 | 扩大和提升信息消费持续释放内需潜力<br>2017年安徽环境状况公报出炉！"绿色成绩单"请您检阅<br>正是春游好时光！我省发布"春游江淮"四大精品旅游线路 | 14 |
| 沟通中外，连接世界 | 2018世界制造业大会和2018中国国际徽商大会落下帷幕<br>去年全省外贸进出口总量达536.4亿美元<br>中国(合肥)国际家博会11月24日开幕 | 3 |
| 总计 | | 67 |

在对江苏省政府新闻办官方微博"微博江苏"2019年4月发布的内容进行统计后发现，该官微主要聚焦"决策公开透明"和"加强官民沟通"这两项。

## 表4-3 “微博江苏”发布内容统计

（2019年4月1日—2019年4月30日）

| 选项 | 内容(举例) | 数量(条) |
| --- | --- | --- |
| 解读政策,满足公众知情权 | 江苏播报@江苏人,举报欺诈骗取医保基金最高奖10万元<br>绿色阅读 文明上网 江苏开展“绿色签”宣传活动<br>2019服务下乡 助力乡村振兴研讨会在宁举办 | 55 |
| 发布信息,稳定舆情 | 发条微博赞江苏高于全国平均水平3个百分点,2018年江苏公民科学素质比例继续稳居全国第一<br>服务类项目增长快！江苏省政府采购规模突破2500亿江苏<br>图解一季度开放型经济主要指标全面正增长实际利用外资规模全国第一 | 39 |
| 决策公开,提升透明度 | 5省29市县在淮安集结为这项国家战略发出总动员令<br>江苏全面推进企业及个体工商户简易注销登记工作<br>《江苏省职业教育校企合作促进条例》5月1日起正式实施 | 88 |
| 主动传播,沟通官民 | 夜思 保持一颗积极乐观的心态,坦然地应对未知的风霜雨雪。晚安！<br>生活提示 出行更省心！江苏高速路况全知晓,道路故障关注“一键救援” | 82 |
| 沟通中外,连接世界 | 第二届江苏发展大会 新生代企业家嘉年华高校科技成果对接会在宁召开<br>娄勤俭会见澳大利亚维多利亚亚洲州长安德鲁斯<br>江苏原创歌剧《拉贝日记》巡演国家大剧院首演,7月将赴德国奥地利巡演 | 4 |
| 总计 | | 268 |

# 第五节 发布速度越来越快

从“黄金24小时”“黄金2小时”再到“黄金1小时”，党委、政府在热点事件和重大突发性公共事件的新闻发布会上，越来越懂得抢抓时效，第一时间发声，第一时间对突发事件进行定义，第一时间处理问题，不给谣言以发酵的机会，从而有效实现了党委、政府的反应周期与新闻发酵期同频同步。

从回应时效看，新闻发布可分为日常事务的常规发布和突发事件的危机发布两类。针对前者而举行的新闻发布会有定时、定点的要求，一般由公众关注度高、与民生关联性强的党委、政府相关部门作为发布主体。针对后者，根据有关规定，最迟应在24小时内举行新闻发布会；对于其他一些政务舆情，也须于48小时内回应。

媒体对受众的影响力，与媒体对新闻事件的报道速度紧密相关。新闻发布的速度越快，媒体也就越容易捕获到受众的注意力，自然而然也就越能增加受众对媒体的信任度，从而扩大媒体公信力。而随着微博、微信等新媒体的纷纷涌现，受众对新闻发布时效性的要求变得愈来愈高，媒体围绕时效性而展开的新闻大战也就愈演愈烈。

2019年3月12日下午，四川省成都市温江区部分学生家长反映该市七中实验学校小学部食堂存在食品安全问题，一些孩子餐后出现身体不适状况。此事引发了学生家长大量聚集。

13日凌晨3时17分，温江区政府新闻办发布微博对调查情况予以通报称，该区市场监管部门已对食品原料进行封存并送检，结果将及时向家长反馈，并将根据检测结果依法依规处理；区教育局将负责对家长和学生的诉求进行收集、回复；区公安局已对学校及食堂相关责任人展开调查；学校食堂用餐将由区教育局组织供应安全可靠的食材，区市场监管局全程监督。在该条微博下，参与评论有550人次，点赞有462次，转发为302次。

事件发生后，网上谣言不断出现。谣言一：成都七中实验学校学生已出现严重的身体健康问题；谣言二：成都七中实验学校找送货师傅顶包；谣言三：有家长维权跳楼身亡；谣言四：有家长在温江区政府门口与保安对峙并冲击政府办公楼；谣言五：有市民拉着蔬菜到成都七中实验学校声援家长；谣言六：成都七中实验学校维权家长下跪。3月14日12时24分，成都市人民政府新闻办官方微博“成都发布”对此一一进行辟谣，称以上六个谣言都不可信，并配发了6幅相关图片。截至3月22日，这篇辟谣微博的阅读量已达253万人次。①

政府部门及时通报，快速辟谣，在最大程度上将该事件的负面影响降至最低。

2019年3月21日14时48分左右，位于江苏省盐城市响水县陈家港镇的江苏天嘉宜化工有限公司生产装置发

① 参见《辟谣：成都七中实验学校事件中的几大谣言》，成都发布，2019年3月14日。https://www.sohu.com/a/301293732_120026842.

生剧烈爆炸。

14时50分，中国地震台网官方微博首先发布消息：14时48分在江苏省连云港市灌南县（北纬34.33度，东经119.73度）发生2.2级地震（疑爆）。15时38分，盐城市委宣传部官方微博“盐城发布”转发了该消息。地震信息能在如此快的时间内发布，除了依托发达的新媒体技术外，也取决于相关工作人员对信息发布时效性的重视。

16时42分，“盐城发布”转发盐城晚报微博“请为救援让开通道”：爆炸地点附近有多处民用设施受损，多位民众受伤；厂区浓烟滚滚，伤亡不明；公安、消防、医疗等机构已迅速派员赶往现场救援，附近居民正自发组织将伤者送到医院救治；市民不要前往围观，要为救援让开通道。

17时29分，江苏省消防救援总队官方微博“江苏消防”发布通报：该总队指挥中心已调派南京、泰州、盐城、连云港、淮安、宿迁、南通、常州、扬州、镇江消防救援支队、培训基地共35个中队、86辆消防车、389名指战员赶赴现场处置。目前，到场消防救援力量已救出12名受伤人员。

17时40分，江苏省生态环境厅官方微博“江苏生态环境”发布速报：截至15时50分许，现场火势已得到初步控制，生态环境部门已开展应急监测工作。

19时17分，生态环境部官方微博发布消息：该部已启动应急响应程序，有关负责人正率领工作组赶赴事发现场，指导做好环境应急工作。

19时22分，“盐城发布”在微博和微信公众号同步发布“响水天嘉宜化工有限公司爆炸情况通报”：截至当晚19时，确认事故已造成死亡6人，重伤30人，另有部分群众不同程度轻伤。事故原因正在调查，后续情况将及时发布。

20时32分，“盐城发布”将事故环境检测情况进行公布：通过对事故现场布点采样，并对有机物进行检测，事故产生的浓烟对空气质量产生较大影响，主要区域集中在园区及周边500米左右的上空，现场风速较大，扩散条件较好，同时该区域为化工企业生产区，没有居民居住，周边群众也已基本疏散；事故下游没有饮用水源，群众饮水安全不受影响；相关监测工作仍在继续，将及时公布。

20时52分，国家卫生健康委员会官方微博“健康中国”公布医学救援进展：该部已组成国家医疗心理卫生应急专家组赶赴当地；江苏省卫生健康委已从南京、南通、徐州、无锡等地调集了30余名省级医疗心理专家驰援。

21时17分和22时57分，“江苏生态环境”连续发布微博，公布爆炸后16时57分、18时、18时40分、19时20分、20时、20时45分的环境应急监测结果，称现场污染物呈下降趋势，群众饮用水安全不受影响。

3月22日9时，响水县召开天嘉宜爆炸事故新闻发布会公布最新情况：截至22日上午7时，事故已造成死亡44人，危重32人，重伤58人，还有部分群众受轻伤。江苏省已先后调派12个市消防救援支队共73个中队、930名指战员、192辆消防车、9台重型工程机械赶赴现场处置。截至22日7时，3处着火的储罐和5处着火点已全部扑灭。天嘉宜化工有限公司在响水县负责的总经理张勤岳在事故中受伤并接受救治，相关人员均已被公安机关控制。

13时02分，“江苏生态环境”继续滚动发布监测最新进展。

14时许，国务院成立“3·21”特别重大爆炸事故调查组。

从3月21日14时48分爆炸发生，到22日14时国务院“3·21”特别重大爆炸事故调查组成立，在短短24小时的时间里，通过各部门情况通报和多家媒体的大量报道，网友越来越多地了解到事实真相，舆情渐趋平稳。[①]

① 参见《江苏响水化工厂爆炸事故24小时》，《新京报》，2019年3月22日。https://baijiahao.baidu.com/s?id=1628687688596087841&wfr=spider&for=pc.

# 第六节
# 发布效果越来越好

随着党委、政府新闻发布的内容越来越丰富，其发布效果也日益显现，具体表现在：

第一，党委、政府与媒体、公众间的沟通机制由此建立并日益完善。

第二，党委、政府多项活动被置于群众有效监督之下，从而促使相关人员依法办事、规范行政。

第三，推动形成社会稳定、健康发展的舆论环境。

第四，有助于在突发公共事件发生后缓解群众紧张情绪，安定人心，保持社会理性。

第五，让公众更加全面地理解和支持党委政府的决策。

第六，为国际社会提供了准确、权威的信息，让世界能更好地了解中国，更好地展现中国的国家形象，从而营造出于已有利的国际舆论环境。

目前党委、政府开展新闻发布的目的，不再局限于进行单向的信息传递，而是更注重与受众之间的互动。近年来，随着各级党委、政府新闻发布活动愈加规范、专业与频繁，新闻发布的效果也变得越来越好，收获到的社会关注度也越来越多。

2018年4月以来，受非洲猪瘟疫情冲击和一些地方不当行政干预等因素影响，我国生猪产能持续下滑，导致2019年猪肉市场供应相对紧张，猪肉价格上涨较快，部分地区猪肉售价超过了每公斤80元，广大群众对肉价上涨及国家调控措施极为关切。

2019年9月11日，国务院新闻办举行新闻发布会，邀请农业农村部副部长于康震和国家发展改革委、财政部、自然资源部、生态环境部以及国家市场监管总局有关负责人通报国家有关稳定生猪生产、保障市场供应的情况，并回答了记者提问。

9月12日，商务部举行新闻发布会，新闻发言人高峰表示，中秋、国庆是居民消费旺季，生活必需品市场供应总体上是有保障的。从商务部监测情况来看，9月以来，肉类、鸡蛋价格虽有所上涨，但涨幅已经趋缓；蔬菜、水果价格已小幅回落。9月2日至8日一周，我国36个大中城市的猪肉、牛肉、羊肉、鸡蛋价格涨幅均有所回落。

这些发布的信息分析了肉价上涨原因，避免了谣言滋生，减轻了群众对肉价上涨的担忧，更表明了党委、政府的态度，经媒体转载播报后，有效回应了社会关切。

2019年8月14日9时许，北京市民单某某（女，31岁，某公司法人代表）驾驶劳斯莱斯轿车欲从北京妇产医院的急救专用道驶入，在被保安拦截后，单某某竟用车将医院救命通道堵死，院方无奈之下只得报警。

15日23时08分，北京市公安局朝阳分局官方微博“平安朝阳”发布通报：14日9时许，朝阳区交警执勤时接到北京妇产医院停车管理员反映，称一京A牌照小轿车将该院急救通道堵住后，司机下车离开，致使其他车辆无法通行。交警赶赴现场后，联系了该车驾驶人单某某，要求其挪移违章车辆。单某某拒绝配合，并与交警发生争执。交警随即调派执法车辆，准备将其车拖离，并联系属地派出所民警到场配合执法。后经教育警告，单某某自行将车辆挪开。通报称，单某某致急救通道无法使用且不配合民警执法，引发群众围观，已严重扰乱医院公共秩序，警方依法对其处以行政拘留5日的处罚，对该车辆在转移登记过程中发现的其他问题，警方还将展开进一步调查。

该微博发布后，阅读量高达905万，转发3292次，评论3946条，点赞3.2万。人民日报对此评价道："警方通报堪称教科书"，面对公共事件和舆论关切，不应吞吞吐吐、拖泥带水，更不应王顾左右，而应在第一时间快速通报，只有这样，才能真正提升公信力，如此通报多多益善。

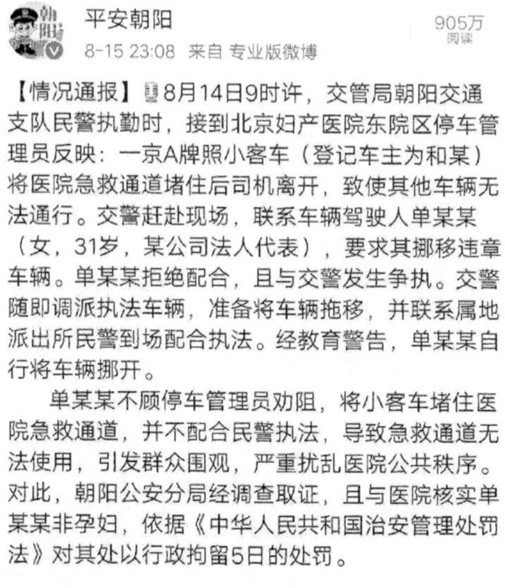
平安朝阳
8-15 23:08 来自 专业版微博
905万 阅读

【情况通报】8月14日9时许，交管局朝阳交通支队民警执勤时，接到北京妇产医院东院区停车管理员反映：一京A牌照小客车（登记车主为和某）将医院急救通道堵住后司机离开，致使其他车辆无法通行。交警赶赴现场，联系车辆驾驶人单某某（女，31岁，某公司法人代表），要求其挪移违章车辆。单某某拒绝配合，且与交警发生争执。交警随即调派执法车辆，准备将车辆拖移，并联系属地派出所民警到场配合执法。经教育警告，单某某自行将车辆挪开。

单某某不顾停车管理员劝阻，将小客车堵住医院急救通道，并不配合民警执法，导致急救通道无法使用，引发群众围观，严重扰乱医院公共秩序。对此，朝阳公安分局经调查取证，且与医院核实单某某非孕妇，依据《中华人民共和国治安管理处罚法》对其处以行政拘留5日的处罚。

图4-4 "平安朝阳"有关微博

一般认为，微信公众号推送内容的阅读量，便是该内容传播价值和传播效果最直观的体现，因此“10万+”成了众多新媒体从业者可望而不易企及的目标。但在党委、政府新闻发布中，“10万+”的内容却常常可见，这主要是因为党委、政府新闻发布的内容与国计民生息息相关，同时这些发布的内容在语言组织、内容编写等方面也越来越贴近受众口味，越来越注重传播效果的实现。

# 第五章

# 新闻发布机制存在的问题

# 第一节
# 新闻发布信息不够及时完整

目前，一些地方党委、政府在新闻发布方面仍未形成顺畅、完善的运行机制，其中的原因较为复杂，比如，有的机构设置不完备；有的缺乏经过专业培训的发布人员；有的在观念上存在误区，抱有“开总比不开好”“别人发布我也发布”之类的应付态度；还有的甚至连发布对象等基本问题都还没弄清楚。如此种种，最终导致一些党委、政府部门虽然总想跟上新闻发布的形势发展，但在具体实践时却总是比别人慢了半拍。

近些年来，在一些突发性公共事件（如“周老虎”“躲猫猫”“钓鱼执法”“山东疫苗事件”等）发生后，有关部门最初发布的内容，常常最后被证明与实际情况不符，甚至早在事实真相公布之前，就已受到了广大网友的质疑，对新闻发布公信力产生了较为严重的负面影响。

2017年8月9日，一篇署名为“南航西安分公司党群工作部”，标题为《“只要前11排座位的旅客”——为政府执行要务护航》的文章在网上引发热议。

这篇文章称，南航西安分公司在为西安市政府政务团66名成员出行提供服务时，被要求将全部成员安排在前11排的座位，且保证同普通旅客进行一定隔离。此事被披露后，因其“变相特权”“割裂群众”而引发网民关注，人民日报也对此毫不留情地进行了批评。

面对汹涌舆情，南航西安分公司辩称，政府部门并未提出过这样的要求。然而此举非但未能取得预期效果，反而如火上浇油，引发了舆情更急速的升温。西安市政府部门在舆情出现当天，便连夜召开常委扩大会议研讨此事，强调要“举一反三，自我反思”，“严格落实中央‘八项规定’精神，把纪律规矩挺在前面”。次日，西安市政府微信公众号“西安发布”发表文章《事不过夜！市委常委扩大会总结学习考察活动 加速学习成果转化 加强干部作风建设 加快追赶超越步伐》，希望能冲抵负面舆论所造成的影响。

对于批评能坦然接受并提出整改措施，这原本是应对舆情正确的办法，然而由于官方新媒体在帖文跟评中采取了过度的操作手段，经过过滤的精选评论都是一片吹捧、喝彩之声，评论数及点赞数明显异常，遂再次引发负面舆情。本可以借会议内容扭转被动局面，却因此举再次将相关领导推上了舆论的风口浪尖。

8月15日，在舆情逐渐降温之时，陕西共青团网站发布信息称，8月11日，按照共青团西安市委统一指令，共青团莲湖区委官方微博、微信及时转载了《当心！别有用心者正在利用南航的浮夸挑起“对立”》和《南航集团公司关于西安市党政代表团乘机的情况说明》两篇帖文，并发动该区青年网评员、网宣员和网络志愿者积极转发评论，试图以此对事实进行澄清，确保舆情总体平稳。这两篇帖文实则画蛇添足，坐实了网民质疑官方动用“水军”进行刷屏的猜测，致使“前11排座位”的舆情持续了一周仍“高温不退”，严重损害了当地政府的形象和公信力。

# 第二节
# 新闻发布内容难以满足需要

党委、政府新闻发布与广大群众的生产、生活息息相关。在社会主义市场经济和改革开放的大环境下，人民群众的社会生活内容丰富多彩，这就决定了他们对新闻发布的需求也越来越多。

然而在新媒体平台上，有的政务微博、微信内容陈旧、官腔严重，公众难以了解到党委、政府的最新信息；也有的只偏重于发布有关当地经济发展的内容，对于群众亟须了解的其他政务信息避而不谈，从而严重影响了政务微博、微信的权威性和影响力。

“某某街道”是江苏省扬州市某街道官方微博，截至2019年4月，该微博最新发布的日期仍停留在2015年10月8日。该微博共发布34条信息，其中只有2条关于某某街道位置和管辖范围介绍，另32条均为转发其他微博，原创微博数量几乎为零。

2013年12月4日，“某某街道”第一次发布了介绍该街道地理位置的微博，2015年10月8日其最后一条微博分四次解释了行政事业收费和行政许可审批事项的执法依据及办理程序等。

或是内容更新极为缓慢，或是从不更新，或是转发成风，类似“某某街道”这样的政务微博、微信存在诸多问题，不仅不能满足群众的信息需求，而且也失去了自身存在的价值，耗费了公共资源。

# 第三节 新闻发布形式较为陈旧单一

当前一些党委、政府部门的新闻发布形式较为单一、老套和陈旧，不少新闻发言人给人的印象大多是中规中矩、照本宣科。新闻发布的重要目的之一在于回应社会关切，党委、政府要实现与公众的双向交流和互动沟通，除了必须引入先进的传播理念和思维方式，以适应新媒体环境下舆论引导的规律和要求外，还必须在形式上求新求变，只有这样，才能真正实现新闻发布传播效果的最大化。

随着互联网技术的不断发展，新闻发布手段正变得越来越多样化，包括文字、视频、图片、H5等在内的各种传播符号与形式，在新闻发布中被广泛使用。

为庆祝改革开放40周年，人民日报客户端联合“快手”短视频，于2018年12月17日推出了互动H5——《幸福长街40号》。该H5上线后迅速刷屏网络，网友纷纷前来打卡，重温时代记忆，留下自己对改革开放40年的感言。

“踏入”这条长街，首先映入眼帘的是1978年凭票供应的红旗市场，人们身穿粗布大褂在街上排队用票购买花生、瓜子等日常食品。那一年，安徽凤阳小岗村试行

“包产到户”，党的十一届三中全会拉开改革开放的大幕，长街上的标语是“解放思想、实事求是”……

20世纪80年代，《庐山恋》上映，迪斯科走红，霹雳舞流行，中国女排夺冠，春节联欢晚会首次举办，南极长城站建立，义务教育实施……

20世纪90年代，第十一届亚运会在北京举行、第一家证券交易所成立，京九铁路全线通车、香港回归、澳门回归……

走过千禧年，北京申奥成功，“神舟”飞天、北京奥运，双“十一”……

迈入新时代，高铁，无人便利店，Shopping Mall，短视频，一带一路……

用户通过不断滑动屏幕来观看街上的内容，每到一个重要节点，背景音乐和图片都会随之发生变化。这些重要节点均有“小相机”按钮，点击后可将当前页拍摄下来保存为海报，海报中配有与图片相关的文案。在设计上，该H5手画面精美，层次分明，各“事件”之间衔接自然，配上音效后，代入感很强。

“看完热泪盈眶，就像走过自己前半生。”“感谢这个时代，感谢改革开放。”“能生活在这样一个时代，是我们这辈人的幸运。”不少网友看完后深受感动，纷纷致敬这个光辉的时代。

图 5–1 《幸福长街 40 号》

# 第四节
# 新闻发布主体欠缺沟通技巧

新闻发言人专业化水平不高，这是当前党委、政府新闻发布工作中普遍存在的问题。

有的发言人不善于如何与媒体打交道，态度冷漠、语言干瘪、举止失当，特别是习惯于居高临下，一味说官话、套话或不着办际的外行话；也有的发言人缺乏对新闻传播基本规律的认识，缺乏基本的新闻发布技巧，甚至不愿意接受记者的采访，因此也无法承担公众的期待，难以满足媒体对党务政务信息知情的需要。

由于一些突发性公共事件情况紧急，有的发言人在事发现场念完通稿了事；有的干脆直接将准备好的通稿发给记者，自己一走了之；还有的发言人习惯于常规新闻发布，却忽视网络上的新闻发布。

总的来看，有相当数量的党委、政府新闻发言人在知识、技能和经验上，尚难以满足日益繁多的新闻发布活动的需要。

2011年7月24日，在“7·23”浙江温州动车事故新闻发布会上，时任铁道部新闻发言人的王勇平因“至于你信不信，反正我是信了”和“这是一个奇迹”两句话一举成名，成为舆论炮轰的对象。

此次新闻发布会的召开距离事故发生只有短短的26个小时，事故发生的具体原因尚在调查之中。会上有记者问王勇平："为什么要掩埋车头？是否是在掩埋证据?"王勇平答："掩埋车头是为了便于继续抢险……这是举世皆知的事故，任何方式也掩盖不了。"话音未落，他更加上一句："至于你信不信，反正我是信了。"后有记者追问："为何救援宣告结束后，仍发现有一名生还儿童?"王勇平答："这是一个生命的奇迹。"王勇平的这两次答记者问，引起在场媒体记者一片哗然。

# 第五节
# 政务“两微一端”活跃度不高

在网络新媒体时代，一些党委、政府还不能很好地适应时代变化和传播技术的变革，目前看来，虽然党委政府“两微一端”（微博、微信、客户端）总体开通率较高，但活跃度却参差不齐。

通过微博、微信账号和公众号搜索不难发现，我国党委、政府的政务微博、微信账号和公众号覆盖率比较高，并且已渗透至区县一级，但许多账号、公众号仅仅只开通了认证，却很少进行日常维护，有的甚至从未推送过新闻信息。此外，一些党务政务“两微一端”仍主要以单向发布服务信息为主，内容多为生活提示、通知告示或政策解读等，很少有与网民的双向沟通和互动交流。正如2016年7月30日国务院办公厅文件中所指出的那样，“与互联网对政府治理的要求相比，与人民群众的期待相比，一些地方和部门仍存在工作理念不适应、工作机制不完善、舆情回应不到位、回应效果不理想”等问题。[①]也正因为如此，内容发布不及时、发布速度过慢、发布频率较低等问题，在我国不少地区和部门的党务政务

① 《国务院办公厅关于在政务公开工作中进一步做好政务舆情回应的通知》（国办发〔2016〕61号），中国政府网，2016年8月。http://www.cac.gov.cn/2016-08/12/c_1119383016.htm.

“两微一端”中都曾出现过。

2017年（第二届）全国党报网站高峰论坛发布的《2017全国党报融合传播指数报告》，对我国各级党报官方微博、微信运营情况进行了梳理分析：

在全国367家党报中，有270家在新浪微博开通了官方微博账号，开通率达73.6%，其中人民日报、广州日报、南方日报、光明日报和新华日报的官方微博传播力位列前五。

从粉丝量来看，270家党报官方微博平均为85.5万，其中人民日报、广州日报、南方日报、光明日报4家超过1000万，占比为1.5%；粉丝量在500万—1000万的有9家，占比为3.3%；粉丝量高于百万的占比为14.1%；有半数以上（51.5%）则不到10万。

在发文量上看，270家党报官方微博平均每家日发文10.2条，有26家日发文超过30条；23家日发文为20—30条；有53家日发文为10—20条；有35家日发文为5—10条；有近半数（49.2%）日发文在5条以下。

总体来看，各党报官微的活跃度差距较大，在开通微博的270家党报中，当年有43家从未发文或累计发文在10条以下，已成为“僵尸微博”。

在全国367家党报中，有255家党报开设了微信公众号，开通率为69.5%，共有4家中央级党报、20家省级党报以及76家地市级党报的官方微信公众号入围“百强”。

尽管近年来微信公众号已成为党报一个重要的传播渠道，但不同的微信公众号所发文章的阅读量和点赞数仍存在着较大差距。从发文情况看，平均每个“百强”账号日均发文为5.8篇；平均每篇文章的阅读量为7846次，头条文章阅读量约占全部阅读量的40%；平均每篇文章点赞量达200多次，头条文章平均获得500多次点赞。其中，人民日报官方微信公众号单篇文章平均阅读量超过10万，另有13家微信公众号单篇文章平均阅读量在1万—10万之间，有17家微信公众号单篇文章平均阅读量在5000—1万之间，有69家微信公众号单篇文章平均阅读量在1000—5000之间。而非“百强”账号的日均发文量约4.7篇，虽与“百强”账号差别不大，但阅读数和点赞数却差异较多，其每篇文章阅读量仅有约750次，头条文章平均阅读量不超过2000，平均每篇文章的点赞量不到10次。①

除了部分微信公众号存在文章阅读量较低和点赞数不多等问题外，党报自媒体借助聚合新闻客户端进行二次传播也还有较大的提升空间。目前党报入驻聚合新闻客户端主要集中在今日头条、搜狐新闻、网易和腾讯等平台上，入住率普遍不高；并且在不同平台上，还出现了诸如“同一党报自媒体账号却名称各异”之类认证信息缺失或错乱等问题，甚至还有一些账号存在名称重复设置或是被其他自媒体冒用的现象，极易对网民产生误导。总体上看，党报入驻客户端账号的阅读量和互动性还比较低，与商业媒体和自媒体相比，党报内容在聚合新闻客户端的二次传播水平亟待提升。

“某某镇人民政府”是内蒙古自治区某某镇政府微信公众号。2019年2月17日，该公众号在发布了一则学习材料后，便无故“消失”了整整一个月，直至3月14日才重新“出山”，又发布了一则学习材料。类似这种情况，并非只出现过这一次。6月14日，该公众号在发布了一则学习材料后，无故消失了半个多月，直至7月1日才又露了个脸，再次发布一则学习材料。接着从2019年7

① 参见《2017全国党报融合传播指数报告发布》，人民网，2017年7月1日。http://media.people.com.cn/n1/2017/0701/c14677-29376415.html.

月23日到2019年8月22日，该公众号完全“消失”，再未发布过一条信息。“某某镇人民政府”作为政府公众号，本应大量发布与该镇政治、经济、文化等相关的政策、资讯，但该公众号却只是一味照搬学习材料上的内容，完全与当地的政治、经济和社会生活脱节。其阅读量少到让人大跌眼镜。据不完全统计，该公众号的阅读量基本上只有两位数；该公众号也未开放留言与评论功能，完全忘记了政府公众号是向群众传达信息、沟通交流、进行政策解读的工具。

那么，党委、政府“两微一端”应如何立足自身特色，强化内容建设，以加大活跃度呢？

一是要发布权威信息，确立自身作为党委、政府“脸面”的地位，切实履行好自己的职责。

二是要加强政策解读，主动、及时、全面、正确地发布信息，对虚假信息和违法内容及时止损，尽可能避免不实信息的进一步蔓延。

三是要积极沟通互动，向用户开放评论、私信及留言功能，聆听广大群众的诉求，广泛征求群众意见。

四是要严格规范“两微一端”流程管理。

五是要严审核，慎发布，严把政治观、政策观、审核观、保密观、文字观和法律观，构建管理长效机制。

六是党委发布与政府发布要各尊其旨，各司其职。

# 第六章

# 健全党委、政府新闻发布机制建议

# 第一节
# 遵循规律，做到科学发布

新闻发布活动从本质上说也是一种信息传播活动，按照西方传播学者哈罗德·拉斯韦尔“五w模式”理论，信息传播活动包含了“谁说、对谁说、说什么、怎么说、说得怎么样”这几方面的内容，因此新闻发布活动也就相应包括了发布者、发布对象、发布内容、发布渠道和发布效果等几个核心要素。马克思主义传播理论认为，新闻发布活动是社会主体之间一种特殊的精神交往活动，是信息发布者带着特定目的，通过一定的媒介和形式，将特定信息传递给特定人群的过程。健全党委、政府新闻发布机制，就是要把握好新闻发布规律，促进新闻发布的科学化和实效化。

习近平总书记指出，当今时代以信息技术为核心的新一轮科技革命正在孕育兴起，互联网日益成为创新驱动发展的先导力量，深刻改变着人们的生产生活，有力推动着社会发展。[①]网络已不再是一个“虚拟空间”，而是一个真实存在的社会，是人类“数字化生存”的社群再造和社会重构。这是运用历史唯物主义对新媒体时代所做出的科学判断。从全球

① 参见《“平语”近人——关于互联网，习近平做过这些重要论述》，新华网，2016年4月20日。http://www.xinhuanet.com/politics/2016-04/20/c_128911200.htm.

范围来看，以社交链接、技术驱动、资本创新为主导的平台媒体已日益成为主流的传播枢纽，人类正进入一个泛媒介化的时代。在欧美国家，Facebook、You-Tube等社交平台在互联网用户群体中占据了垄断地位；在我国，作为社交类平台的微博、微信，作为资讯客户端平台的今日头条、一点资讯，作为视频类平台的快手和抖音，以及作为音频类平台的喜马拉雅等，均已成为不同类型平台媒体的主导者。

根据《中国传媒产业发展报告（2019）》数据显示，中国传媒产业总规模已突破2万亿元，取得了举世瞩目的发展成就。[①]目前，我国传媒产业发展已进入大众自媒体传播时代，大众媒体、平台化媒体、自媒体等会传媒形态并存且相互竞争；传统媒体与网络媒体的融合取得了很大进展，但传统媒体与网络媒体的分化也越来越明显；在数字经济、网络空间、5G、人工智能背景下，传媒产业将变得更加复杂并迎来新的风口期。

互联网社会的深入发展，反衬出传统媒体在新传播环境下的短板和问题，正如习近平总书记所指出的那样，“面对媒体格局、舆论生态的深刻变化，新闻舆论工作适应步伐还不够快，一些主流媒体受众规模缩小、影响力下降。面对受众阅读习惯与信息需求的深刻变化，一些媒体还是按老办法、老调调、老习惯写报道、讲故事，表达方式单一、传播对象过窄、回应能力不足，存在受众不爱看、不爱听的问题，实效性、针对性、可读性有待增强。”[②]

---

① 参见《〈2019中国传媒产业发展报告〉发布》，人民网，2019年8月24日。http://media.people.com.cn/n1/2019/0824/c40606-31314877.html.

② 中共中央文献研究室编：《习近平关于社会主义文化建设论述摘编》，中央文献出版社2017年版，第39页。

以2019年9月9日至15日人民日报微信公众号发布的内容为例，该公众号于每天6时左右发布第一条新闻《来了！新闻早班车》，22时30分左右发布最后一条新闻《夜读》，全天共发布信息9至12次不等，新闻数量在20条上下，内容涵盖新闻播报、人民锐评、推荐阅读及心灵感悟等。在这7天时间里，该公众号共发布信息150条，点击量均超过10万，点赞量在5000次左右，充分体现了新媒体新闻发布信息量大、频率快、受众多等特征。

马克思认为："'价值'这个普遍的概念是人们对待满足他们需要的外界物的关系中产生的。"①对受众而言，他们需要的是对自己有用的信息，至于新闻是不是印在纸上的，并不重要。

当前网络社交媒介传播呈现出移动化、视频化、小屏化、碎片化、主体化、互动化、智能化和人性化的特征，而传统的报纸、广播、电视等媒体所面对的只是泛化了的受众，既难以有效实现从"受众"向"用户"的转化，也无法建立起与受众的直接连接。而在当今时代，媒介的连接能力恰恰决定了其传播力、引导力和影响力。可以说，新媒介在驱动传播方式变革的同时，也有力推动了社会权力（包括传统媒体权力）的解构与重建。如此深刻的变革，不仅对传播活动和新闻业具有革命性的影响，对党委、政府的社会治理能力和社会长远发展也必然会产生重大影响。

在如此特殊的时代背景下，党委、政府新闻发布活动存在着诸多短板和问题，亟待改革、创新与发展。我们只有进一步强化互联网思维，科学应对新媒体挑战，聚焦新闻发布

① 《马克思恩格斯全集》第十九卷，人民出版社1963年版，第406页。

的理论研究，总结新闻发布的实践经验，才能因时而变、因事而化、因势而新。

目前，有关我国党委、政府新闻发布的专项研究尚处于起步阶段，虽然个别领导在一些会议讲话中提及要加强新闻发布的专项研究工作。但专门研究新闻发布工作理论与实践的专家学者数量很少，推出的高水平研究成果不多，相关研究工作亟待重视和加强。从一次次重大突发性事件中的新闻发布实例来看，党委、政府新闻发布顺畅运行机制尚未真正形成，危机传播的管理意识与应对能力还存在着较大欠缺，尤其是危机公关运作机制远未做到及时、顺畅、全面、高效，这对党委、政府的权威性和社会形象产生了一定的负面影响。

因此，党委、政府应积极吸纳各领域专家学者参与到新闻发布工作中来。一方面，他们可以为新闻发布工作提供专业化和职业化的团队支持，针对法律、政策和其他专业问题进行高水平解读，引导公众深化对党委、政府重大方针政策的认识、理解，帮助人们了解专业知识，正确看待社会热点。另一方面，专家学者们也能通过实践，有的放矢地对新闻发布工作展开学术研究，从而为不断加强和改进发布工作、完善发布机制提供最新的理论研究成果。

加快推进传统媒体与新兴媒体的融合发展，也是在尊重传播规律的前提下进行科学发布的应有之义。从口头传播到文字传播，从印刷传播到电子传播，再到当今的互联网传播，媒介传播技术的发展经历了一个漫长的过程，如今互联网以其海量、动态、共时等诸多优势，快速取代了传统媒体的信息告知与服务功能。基于海量用户的互联网企业致力打造基于人际关系的内容平台，用户在其中承担了内容生产与内容传播的双重角色，因此，只有加快媒体融合进程，才能够真正提升媒体的传播力、引导力、影响力和公信力。

近年来，在各级党委、政府主导的融媒体新闻发布中，所辖各媒体对全国“两会”的报道，已越来越成为对新闻发布创新与媒体创新变革的重要实践与检验。以2019年全国“两会”报道为例：

在技术层面上，许多媒体将5G技术与4K、VR技术进行融合，在新闻生产过程中提升影像清晰度，为大众呈现出更好的“两会”报道直播效果，如新华社推出了全球首个AI合成女主播“新小萌”，尝试在主持领域内进行智能化创新。这些新闻可视化的表达方式，更注重传播的定制化，从而密切了党委、政府与广大群众的关系。

在产品层面，许多媒体注重将IP背后所蕴含的巨大流量与新闻发布相结合，如央视新闻联合阿里巴巴集团推出了H5产品《上新了，两会》融媒体特刊；山东广电“闪电新闻”客户端推出了全媒体VR直播节目《拜托了，两会》，着力打造新闻发布的“爆款”；中国日报推出系列Vlog《小姐姐两会初体验》，为严肃的“两会”报道注入“烟火气”；新华网“媒体创意工厂”推出《全息交互看报告》，利用MR智能演播厅，构建与新闻发布相匹配的现实场景；CGTN（中国国际电视台）运用大数据统计分析的3D交互和爬虫技术，推出数据新闻三部曲：《为人民》《数读两数·政府工作报告》和《数读两会·法治中国》，在提升用户交互体验上下足了功夫。

在平台层面，多家媒体利用抖音App将“两会”的台前与幕后进行融合，将“两会”幕后花絮公之于众，从而打破了传播的时空界限，使“两会”真正走入群众心中。

# 第二节
# 提高认识，做到主动发布

长期以来，党委、政府新闻发布活动在形式和渠道上都显得较为单一，全社会普遍希望能加快新闻发布的创新发展。因此，党委、政府的新闻发布必须从被动走向主动，充分认识到只有进一步建立、健全和完善新闻发布机制，进一步推进党务、政务公开，进一步扩大社会主义民主，才能在统筹推进“五位一体”总体布局和协调推进“四个全面”的战略布局中发挥重要作用。

## 一、坚持执政为民，主动进行新闻发布

新闻发布是党委、政府落实人民当家作主权利的根本要求，是满足人民知情权、监督权和发展权的重要途径，是服务民生、推动发展的重要手段。因此在互联网时代，党委、政府的新闻发布工作就必须坚持以受众为中心，把发布主体与受众之间的关系当作新闻发布最根本和最主要的关系，强化人民观点和受众思维，把焦点放在把握受众需求上，而不是仅仅聚焦于传者端的技术更迭上。

1991年，时任国务院总理李鹏在人民大会堂举行“两会”记者招待会时，在场记者仅有二三百人，中国内

地（大陆）、中国港澳地区、中国台湾地区和外国媒体均只有一次提问机会。而从1998年开始，参与“两会”报道的记者便逐步上升到了4位数，出席总理记者招待会的记者则超过了600人。

自1998年至2013年的16年间，“两会”总理记者招待会共有193个记者提问机会，平均每年12个，参会记者从600名增加到3000名以上。①

2016年，参与全国“两会”报道的记者总人数超过5000人。

2018年是贯彻党的十九大精神开局之年，是中国改革开放40周年，也是决胜全面建成小康社会、实施“十三五”规划承上启下的关键一年。这年“两会”共有3000多名中外记者报名采访，其中境内记者为2000人左右，港澳台记者和外国记者为1000多人。②此次“两会”新闻中心不仅通过召开新闻发布会、记者见面会以及开启“部长通道”等多种形式进行新闻发布，以充分回应国内外关切，而且还添加了一些全新的形式进行新闻发布，如首次开启“代表通道”和“委员通道”，邀请代表委员讲述心声，充分展现了“两会”的开放自信。

## 二、坚持创新发展，主动参与平台建设

传播学者喻国明认为，“互联网的开放式发展逻辑正在迫使媒介拆除彼此间的藩篱，在共生中寻求发展。在平台战略

① 参见《盘点全国两会新闻发布史：近半提问机会给外媒》，搜狐新闻，2014年3月2日。http://news.sohu.com/20140302/n395882786.shtml.

② 参见《2018年两会新闻中心启用 3000多名中外记者报名采访》，人民网，2018年2月28日。http://world people com cn/n1/2018/0228/c/002-29839099.html.

成为互联网主流发展模式以后，大平台嵌套小平台的模式正在成为主流。”[①]在公共传播的新格局下，党委、政府新闻发布应更注重通过新媒体矩阵进行多元发布，打造一个多功能、综合性的公共传播平台，以实现资讯信息平台、民生服务平台、政策沟通平台和监督问政平台的四位一体。

“中央厨房”是人民日报社推动媒体融合发展的一个重要平台。自2015年全国“两会”首次试运行开始，“中央厨房”推出了一系列独家深度报道、图片、图表、视频、H5产品等，因创新新闻报道方式而取得了良好的传播效果，也吸引了业界的广泛关注。

尽管媒体在借用“中央厨房”这一概念时有着不同的表述，但核心内容大多指的是“新旧融合、一次采集、多种生成、多元发布”。具体地说，大致包含以下几层含义：

1. 统一技术平台支撑

过去，同一媒体集团内的各家媒体基本上都有自己的发稿系统，都有自己的网站，子媒之间信息不能互通，资源相对独立，不能共享。“中央厨房”则要在集团层面建立一个共享技术平台，其核心内容包括了数字存储系统、统一发稿和审稿系统等。

2. 统一采制

“中央厨房”要求传统媒体与新媒体混编，成立一个大编辑部，以改变过去集团内各家媒体单兵作战的做法，实现集中采访，采访稿件统一上平台，统一审稿，各家媒体各取所需。

① 喻国明：《未来传媒进化的大趋势及VR、机器人写作与知识付费》，《教育传媒研究》，2017年第4期。

3. 多元呈现

“中央厨房”集中了集团内所有传统产品与新媒体产品的生产线与生产能力，能够生成纸媒、互联网、微信、微博、App、客户端等多元产品，最终在集团拥有的所有媒体平台上多元呈现。

4. 滚动发布

传统媒体集团尤其是纸媒集团成立“中央厨房”后，打破了过去“每天刊发一次”的惯例，实现了网络、移动终端等所有新媒体24小时滚动发布。

5. 特别订制

“中央厨房”的流水作业可提供一稿或多稿供子媒选用。由于集团内各子媒有着各自的发布需求，子媒编辑部可根据自身媒介特点和受众特点，向“中央厨房”提出个性化订制要求，“中央厨房”再依此组织记者进行采访和编辑。

“中央厨房”通过几年的试运行，已逐渐摸索出一套较为成熟完善的内容生产、协作、分发的业务模式，将传统意义上的采编人员重新细分为指挥员、信息员、采集员、加工员、推销员和技术员等。其中指挥员针对重大选题进行策划与指导，其他各“员”有效分工合作，最终将制作的新闻产品送达人民日报旗下各发稿终端以及有合作关系的国内外媒体终端，从而实现重大报道“一体策划、一次采集、多种生成、多元传播、全天滚动、全球覆盖”，实现新兴媒体与传统媒体、线上与线下、母媒与子媒、国内媒体与国外媒体的四个“联动”。

当前，深入推进融媒体中心建设，打造纵横联动的信息传播平台矩阵，是进一步拓展新闻发布渠道、提升新闻发布实效的必然之举，各级党委、政府都要紧紧抓住这一契机，主动参与、积极推动各层级融媒体中心建设。

“今日芜湖”App由安徽芜湖传媒集团新媒体中心重点打造，它是一个集新闻资讯、社交娱乐和生活服务为一体、具有广播电视特色的无线应用客户端。全面迅捷的信息资讯、灵活的社交沟通方式和便捷的消费体验，让“今日芜湖”一举成为该市无线领域的全新媒体和信息集散的主流平台。

该App设置了“推荐”“活动”“圈子”“服务”和“我”五大板块。在首页“推荐”板块中提供勾选频道，供用户自主进行频道添加、删除和排序。频道类型丰富多样，涉及政治、经济、文化、健康、生活等各个方面，满足了用户差异化和个性化的阅读需求。在为市民提供新闻资讯的同时，该App还提供了各类实用的服务信息，如在便民服务中，用户可轻松查找到公交线路、站点和地点，在添加车辆信息后还可实现一键查寻违章；在政务服务中，用户可将自己的建议直接反馈到市长信箱，这种线上互动的方式既方便了广大市民，也使得用户能够积极参与到城市建设中来。

该App中较具特色的是“活动”板块，在遇有重大事件或特色节日时，此板块既能通过多种媒体形式展开系列报道，同时也举办全民投票等活动，以此推动用户积极参与，从而形成线上线下良性互动的氛围。

“今日芜湖”注重用户体验，努力打造芜湖人从线下到线上的社交功能“圈子”。在圈子里，用户可找到志同道合的朋友，讨论自己感兴趣的话题。

## 三、坚持制度保障，主动构建制度体系

制度保障是一个带有根本性、全局性和长期性的问题，健全党委、政府新闻发布机制的关键就是要建立行之有效的制度保障。

在政府新闻发布方面，虽然我国已颁布了《中华人民共和国政府信息公开条例》，新闻发布工作也已陆续制订了一些制度规定，但迄今为止专门用以规范和指导新闻发布工作的法律尚未出台，相关规章也还存在着一些空白，如涉及新闻发言人的工作条例或行为准则等基本配套规定至今仍未推出。各级政府的规定、要求也大多是以地方性法规的形式出现，这就导致新闻发布机制在运行过程中，新闻发言人一旦出现行为失范，“无法可依”的情况就会凸显出来，从而在一定程度上削弱了新闻发布的权威性，也不利于这项工作平稳有序地向前推进。

在党委新闻发布方面，地方各级党委在党的中央部门先行实践和一些地方党委先行试水的基础上，认真总结经验教训，尝试科学的制度设计，对党委新闻发布工作的机构、形式、策划、组织、工作机制、策略技巧和时间安排等出台了一些规定和要求。目前以各级党委外宣办作为负责本级党委新闻发布工作的职能部门，中共中央外宣办、中央各部门、省级党委、地（市）级党委和县（级）党委“五层发布”的新闻发布机制已逐步建立。今后，党委新闻发布工作应在遵循《宪法》《中国共产党章程》和《中国共产党地方委员会工作条例》等法律法规的前提下，推动新闻发布相关规章制度的出台，使各级党委在新闻发布会上都能有规可依，有章可循。

2015年5月，国新办提出了一个带有顶层制度设计性质的

要求，各级政府均应建立“4·2·1+N”新闻发布模式。在与经济民生关系密切、社会关注事项较多的政府部门，每季度至少举行1次新闻发布会，每年4次；这些部门的相关负责同志，每半年至少出席国务院新闻办举办的新闻发布会1次，每年2次；这些部门的主要负责同志每年至少出席国务院新闻办举办的新闻发布会1次。“N”是指党中央、国务院及各部门出台重要文件、重大政策举措和举办重大活动时，有关牵头部门和职能部门的主要负责人或新闻发言人要出席新闻发布会或接受记者采访；发生重大突发事件和出现社会关注度高的热点敏感问题时，相关部门主要负责人和新闻发言人要主动发布信息。

2016年2月，中共中央办公厅、国务院办公厅印发的《关于全面推进政务公开工作的意见》指出，各级政府部门应把政务公开工作纳入绩效考核体系，加大分值权重。鼓励支持第三方机构对政务公开质量和效果进行独立公正的评估……强化激励和问责，对政务公开工作落实好的，按照有关规定予以表彰；对公开工作落实不到位的，予以通报批评；对违反政务公开有关规定，不履行公开义务或公开不应当公开事项，并造成严重影响的，依法依规严肃追究责任。[①]按照这一要求，各级党委和政府应将新闻发布工作情况纳入年度目标考核体系，并与评优评先、荣誉授予等挂钩；上级部门则应加强对下辖部门新闻发布工作的巡视督查，对未按要求开展新闻发布工作的要严肃问责；纪检监察等部门也应定期或不定期地对党委、政府新闻发布情况进行检查，对推动工作不力者同样也要严肃问责；应积极引入第三方评价机制，

① 《中共中央办公厅 国务院办公厅印发〈关于全面推进政务公开工作的意见〉》，中国政府网，2016年2月17日。http://www.gov.cn/zhengce/2016-02/17/content_5042791.htm.

试点建立党委、政府新闻发布监督员制度，引入社会力量对新闻发布机制建设实施第三方监督。

临江镇是广东省河源市江东新区镇村人民监督员网群制度试点镇，自2016年中旬试点工作开展以来，共创建人民监督员网群12个，吸纳监督员2383人，其中镇网群1个共131人，村级网群11个共2252人。自2016年6月起，镇财政所共公示下拨涉农资金81笔、发送短信1.6万余条、资金约1664万元（其中补助类资金约533万元，项目资金约1131万元）。在临江镇试点的基础上，江东新区还在全区范围内推行涉农资金监督员制度，对村务各项工作进一步实行精准监督。①

贵州省在全省广泛推行政务公开监督员制度，以县为单位招募工人、农民、村干部、企业家和律师等多个行业人士，对土地征用、脱贫攻坚、补贴补助等重点领域政府信息公开情况展开监督。政务公开监督员由各县政府统一管理，代表县政府对政务公开工作开展监督巡视，直接对县政府政务公开工作机构负责。

截至2017年8月，贵州省已招募政务监督员1.5万余名，其中94%以上来自村、社区和企业一线，涵盖了公务员、工人、农民、村干部、企业家、律师、教师和民主党派人士等十余个行业和领域。②

---

① 参见《让涉农资金晒在阳光下！2383名江东父老参与“精准”监督！》，搜狐网，2018年7月6日。https://www.sohu.com/a/239759334_748430.

② 参见《贵州省设立基层政务公开监督员 保障政务服务阳光透明》，中华人民共和国中央人民政府门户网站，2017年8月2日。http://www.gov.cn/zhuanti/2017-08/02/content_5215554.htm.

2017年2月，河南省下发《河南省政务公开工作考核办法（试行）》（以下简称《办法》），将政务公开工作纳入各级政府的绩效考核体系，并规定分值权重不低于4%，以便群众能更好地监督政府工作。该《办法》提出，政务公开工作实行百分制量化考核，考核结果分为优秀（90分以上）、良好（80—89分）、合格（60—79分）和不合格（低于60分）4个等次。政务公开工作日常考核由省政务公开与政务服务领导小组办公室负责，采取日常工作记录、随机抽查、专项检查等方式进行，发现的问题或成绩将记录存档，每季度通报一次，并在年度考核时核减或核加相应考核项目分数。该《办法》要求各级政务公开工作考核情况、排名和等级，应于次年4月底前印发，并在本级政府门户网站公布。①

江苏省于2019年3月出台了《关于规范政府信息依申请公开办理程序的意见》（以下简称《意见》），明确了在申请接收、登记、补正、拟办、征求第三方意见、审核、做出答复、送达和存档9个环节的办理程序，联通了信息公开申请办理的各个事项，覆盖了办理的全流程。为方便群众，该《意见》还将“政府网站申请”也列为信息公开申请的主要渠道，将通知申请人更改补充的时限由15个工作日压减为7个工作日。为提高行政效率，江苏省还对信息公开进行分类规范，对事实清楚的信息公开申请，简化办理流程，减少审核程序；对复杂疑难

① 参见《政务公开工作开始纳入各级政府绩效考核体系》，河南省人民政府门户网站，2017年2月6日。https://www.henan.gov.cn/2017/02-06/369926.html.

的信息公开申请，建立协同办理、会商办理机制，提升依申请公开办理的质量和时效。[①]

## 四、坚持服务至上，畅通良好政媒关系

党委、政府各部门应与媒体建立经常性联系，以确保公众获得信息的渠道畅通无阻。从事新闻发布工作的人员需要有新闻意识，信息发布能快则快，尽量缩短重要信息抵达公众所耗费的时间，从而实现信息发布的时效性。

第一，应转变思维方式，适应新传播环境下的治理工作。令人遗憾的是，至今仍有人对网络言论抱有轻视态度，固守所谓“传统媒体才是主流，网络媒体则是非主流论”这样的错误观念，因此在面对媒体、特别是新媒体所带来的种种挑战时，党委、政府部门应摒弃那些保守和错误的思想，在信息传播与管理方面做出必要调整，要以积极和主动的心态去引导新媒体舆论。

第二，要加强对媒体的宏观调控。党的领导确保了公共管理的社会主义性质和方向，因而无论在什么样的传播环境下，“党管媒体”和“党管舆论”的原则不会改变。在新媒体时代，党委、政府不能再像以往那样采用传统的行政命令方式对媒体进行干预，而应转变管理方式，加强对媒体的宏观调控。党委、政府要积极向媒体发布信息，由以前被动应对转为主动应对。一项政策出台后，要积极与媒体沟通，使媒体能在公众对政策出现误读和误解时进行正确解读；遇有重大事件或突发性事件时，也应在第一时间召开新闻发布会，正面回应媒体的关切。

① 参见《省政府办公厅关于规范政府信息依申请公开办理程序的意见》，江苏省人民政府门户网站，2019 年 3 月 25 日。http://www.js.gov.cn/art/2019/3/25/art_64797_8284207.html.

第三，要提高对突发事件的舆论引导能力。对于党委、政府部门来说，对突发性事件的舆论引导能力，也是随时代发展而必须具备的一种执政能力。从以往经验来看，群众在突发性事件发生后对主流媒体的权威资讯有着特殊的信赖，党委、政府舆论引导能力的大小，将直接影响到对事件处理的效果。

党委、政府借助新闻媒体，可以以较低的行政成本进行政务公开，特别是在重大决策的制定和实施过程中，通过媒体向大众解释党委、政府的政策及行为的理由、过程等，有利于较快地获得公众的认同。

党委、政府借助新闻媒体进行新闻发布，还可以使职责权限、办事程序、办事结果、监督方式等信息为广大群众所知晓，从而有利于群众进行监督，防止权力被滥用，有效地提升党和政府的形象。

# 第三节
# 把握时机，做到快速发布

新闻是对新近发生或是发现的事实的报道，能否抢抓时效，这是新闻发布的重中之重，这对党委、政府新闻发布提出了时间上的要求。

党委、政府新闻发布要善于从繁杂的政务信息中整理出公众所需求的最新鲜的信息，通过媒体及时地发布给广大群众。发布晚了，信息的价值就会打折扣，效果也就会大受影响。尤其是重大突发性事件发生后，如果党委、政府不能及时发布信息、表明态度，就很可能会给谣言的滋生与传播提供缝隙，使党和政府的形象受损。

2019年3月15日，国务院总理李克强在人民大会堂会见采访十三届全国人大二次会议的中外记者并回答记者提问时，南方报业全媒体、南方都市报记者程姝雯提问道："总理，今年'五一'还会放小长假吗？"李克强答道："我们会让有关部门抓紧研究，充分听取大家的意见。"

一周之后，国务院办公厅发出通知，2019年五一劳动节假期由1天增加为4天。"总理回应放五一小长假"的话题随即在网络发酵，有关该话题的微博总阅读量超过了6000万，一度攀升至微博实时热搜榜前列。

南方都市报趁机在网上推送了一篇《今天，全网都在感谢高颜值“五一姐”！南都给她涨工资了吗?》，文中既回应了人们对“五一姐”的各种提问，如听到小长假落实了有什么感受，报社有没有给她加工资，怎样才能在“两会”上提出好问题等；又借机梳理了以往“五一姐”在两会中相关的采访报道，在满足了网友好奇心的同时，再次回归到了当时的热门话题——全国“两会”。

与此同时，南方都市报还以H5的形式制作了一则揭秘新闻——“揭秘！南都记者为何抢问总理‘五一小长假’”，该新闻将视频与文字相结合，并给予用户在“两会”上选择记者提问的权利，吸引了很多观众的关注。

## 一、定期与不定期发布相结合

凡是认为需要对外发布新闻，或是公众强烈期待获得相关信息的时候（如重大节日、重要会议、重要任免、重大活动和突发事件等），各级党委、政府部门均应进行新闻发布，在时间上可将定期发布与不定期发布结合起来，灵活使用。

近年来兴起的“微博问政”，一改党委、政府传统的、自上而下的决策出台方式。越来越多的党委、政府部门利用微博、微信搜集民意，与公众在线交流，迅速回应社会关切，从而使官方微博、微信成为党委、政府重要的发布渠道，影响力日益增强。

公安部决定，自2004年起，在全国公安机关实行定期新闻发布制度，及时主动地向媒体和公众发布重要信息。原则上，公安部和省、自治区公安厅每一个月举行一次新闻发布活动；直辖市、省会市、副省级市公安局每半个月举行一次，也可以根据需要每周举行一次。

公安机关定期新闻发布制度的主要内容是在公安部和各省、自治区、直辖市公安厅、局及省会市、副省级市公安局普遍建立健全新闻发言人制度，实行定期新闻发布。发布的内容主要是刑事、治安案件的发案、破案情况；重大案件发生、侦破情况；道路交通事故、火灾及其他治安灾害事故情况；与群众生产生活关系密切的重要措施、办事程序和重要治安警示性信息等。

在定期举行新闻发布活动的同时，对于即时发生的重要新闻，公安机关将随时予以发布。

2017 年 4 月 18 日，北京市红黄蓝幼儿园大红门分园一男孩回家后，告诉家长自己在幼儿园内被老师殴打。次日一早，孩子父母到学校询问情况，并要求调看监控。家长在视频中发现，前一天中午和下午都有孩子被老师摔打。随后该家长将视频内容发到了班级微信交流群中，引发许多家长关注。4 月 20 日，该视频在网上曝出，舆论哗然。对此，北京红黄蓝儿童教育科技发展有限公司发布微博，称该园园长已被停职检查。

11 月 22 日，红黄蓝幼儿园朝阳区新天地分园多名幼儿身上被发现有针眼，警方随后介入调查。25 日警方发布通报，称涉事教师已被刑事拘留。28 日晚，北京市公安局朝阳分局官方微博“平安朝阳”通报了事件调查结果：经查，朝阳区红黄蓝幼儿园新天地分园老师刘某因部分儿童不按时睡觉，遂采用缝衣针扎的方式进行“管教”。因涉嫌虐待被看护人罪，刘某已被刑拘。29 日，北京市政府新闻办官方微博“北京发布”公布了事件调查情况，并在评论区与网民积极互动，回应网友质疑。

2018年5月29日，最高人民检察院举行检察机关“依法惩治侵害未成年人犯罪加强未成年人司法保护”新闻通报会，称引起社会高度关注的北京红黄蓝幼儿园相关人员已被提起公诉。

## 二、第一时间发布

突发事件发生后，党委、政府在第一时间主动发布信息，可以有效避免有个别人对未经核实的消息进行加工炒作，甚至制造谣言，以讹传讹，最终酿成舆情危机。

2019年7月4日早上，9岁的浙江省杭州市淳安县女孩章某在家中被租客以当婚礼花童为由带走。7月8日，带走她的男租客梁某华、女租客谢某芳在宁波市东钱湖一起跳湖自杀，9岁女孩则音讯全无。

事情真相未明，网络热议不断，一些人将矛头对准受害者家庭，不惮以最坏的恶意来进行揣测。有网友称章某的爷爷、奶奶有“重男轻女”之嫌，也有网友称“女孩失踪是其妈妈一手策划”，而在网上盛传的“冥婚说”更是引起大范围恐慌。在这种情况下，当地党委、政府部门没有及时、主动地发布信息，导致有网友对这些未经核实的传言进行加工炒作，谣言快速传播，对网络环境造成了恶劣影响。

事后经警方查明，梁、谢二人主要在广东广州、珠海等地生活，靠实施诈骗为生，后因实施诈骗越来越难以维持日常开销，遂表现出比较强烈的轻生厌世倾向。梁、谢二人相识并长期同居后，一直没有生儿育女，在认识章某后多次表露出喜欢并有将其认作干女儿的想法。现有证据表明，该事件种种迹象反映出两人有携章某一起自杀的动机。

2019年7月30日8时50分许，女司机李某驾驶保时捷轿车在重庆渝北区龙盛街口斑马线掉头时，与驾驶奇瑞汽车的男司机杨某发生争吵。争吵过程中，李某动手扇了杨某耳光，杨某后又回扇了李某耳光。

事后网上曝出李某多段视频，李某自称“爱飙车、经常闯红灯、扣分随意销”，引发公众强烈不满。随后网友曝出李某丈夫系重庆市渝北区石船派出所所长童某，不少人质疑其家庭背景、收入来源和交通违法处理等，认为背后必有“猫腻”。

重庆市政府新闻办官方微博8月1日晚发布消息称，针对保时捷女车主有关情况，重庆市公安局将在第一时间进行核实，并通过新媒体对外公布。该市公安局当天即召开专题会议研究处置，决定责成渝北区公安分局成立调查组进行深入调查。渝北警方于8月12日通报调查结果称，李某自2016年3月至今共有29条交通违法记录，均已处理，无修改或撤销情况。警方同时提到，调查发现童某任职期间涉嫌其他违纪问题，目前已将其免职并立案调查；警方同时还发布了李某的致歉书。

通报发出后，网友纷纷称这是一份“教科书式的结果通报”，不仅详细交代了当事人的家庭情况、家庭财产情况和保时捷轿车交通违法处理核查情况，还清楚交代了当事人的从业情况及其他信息核查情况。事件发生后，重庆市有关部门一直紧锣密鼓地进行调查，并且在较快时间内给了公众一个清晰交代，体现出不遮丑、不护短、积极正面回应社会关切的正确态度。

## 三、滚动发布

对于涉及面广、有重大影响并且需要广泛社会动员和公众参与的突发性公共事件，党委、政府部门应采取实时发布的方式，以便及时排除舆论“险情”，从而增强舆论引导的时效性和针对性，掌握话语权，赢得主动权。

2019年8月10日凌晨1时45分前后，台风“利奇马”在浙江省温岭市沿海登陆，登陆时中心附近最大风力达16级（52米/秒）；20时在湖州市南浔境内减弱为热带风暴级；11日20时50分前后，台风“利奇马”再次登陆山东省青岛市。

“利奇马”登陆前，中央各部委及时向社会发布预警，要求各地迅速开展灾害防治工作，转移相关地区人员。中央气象台于8月7日6时发布台风预报，18时发布台风蓝色预警；8月8日6时发布台风黄色预警，10时发布台风橙色预警，18时发布台风橙色预警，同时发布暴雨蓝色预警；9日6时发布台风红色预警，10时继续发布台风红色预警，18时继续发布台风红色预警；10日10时发布台风黄色预警，将台风“利奇马”减弱为强热带风暴级。中国气象局于8月8日8时30分启动三级应急响应。国家海洋预报台于8月7日8时发布海浪黄色警报；8日8时将海浪预警级别升级为橙色，16时升级为红色；9日8时根据《风暴潮、海浪、海冰和海啸灾害应急预案》发布海浪一级警报（红色）。国家防汛抗旱总指挥部启动防汛防台风三级应急响应，并分别向浙江、上海、江苏派出工作组，协助地方开展防汛防台风工作。自然资源部启动海洋灾害二级应急响应。[1]

“利奇马”登陆时，各级党委、政府部门及新闻媒体及时进行新闻发布，在时间上将定期发布与不定期发布结合起来，灵活加以使用。以人民网“浙江频道”为例：

8月9日该频道发布《全力以赴应对超强台风“利奇马”》，介绍了2019年第9号台风“利奇马”将于8月10日凌晨在浙江沿海登陆，“利奇马”为强台风级或超强台风级，登陆强度大、持续时间长、影响范围广，防汛抗洪、防台风形势十分严峻。10日，该频道开始报道浙江省各地的受灾情况。11日，该频道继续追踪报道各地党委、政府进行的抢险救灾工作，如《浙江天台：党旗领航重建家园》《浙江省公安警务航空队紧急出动驰援临海等地》等。12日，该频道报道各地对基础设施的抢修及重建，如《舟山电力：众志成城 抗台抢修线上不停歇》《浙江临海：疾控人活跃在灾区的一线 确保大灾之后无大疫》《国网绍兴公司紧急集结两批抢修人员驰援台州》等。

① 参见《超强台风“利奇马”在浙江温岭登陆！已造成13人死16人失联》，搜狐网，2019年8月10日。https://www.sohu.com/a/332852545_100175984.

# 第四节
# 拓展渠道，做到立体发布

习近平总书记指出，“做好网上舆论工作是一项长期任务，要创新改进网上宣传，运用网络传播规律，弘扬主旋律，激发正能量，大力培育和践行社会主义核心价值观，把握好网上舆论引导的时、度、效，使网络空间清朗起来。”[①]他更进一步强调，“人在哪里，新闻舆论阵地就应该在哪里。对新媒体，我们不能停留在管控上，必须参与进去、深入进去、运用起来。”[②]

新时期党委、政府新闻发布工作必须按照习近平总书记提出的要求，遵循新媒体传播规律，构建起立体、有效的发布渠道。

## 一、打造“微政务”互动平台

随着移动互联时代的到来，各级党委、政府都应深刻认识到在媒介融合大背景下，做好新闻发布和舆论引导工作的重要性、必要性与紧迫性。新闻发布工作应善用互联网思维，

① 中共中央党史和文献研究院编：《习近平关于总体国家安全观论述摘编》，中央文献出版社2018年版，第110页。

② 中共中央党史和文献研究院编：《习近平关于总体国家安全观论述摘编》，中央文献出版社2017年版，第45—46页。

积极打通“两微一端”，拓宽发布渠道，主动贴近群众。

目前，中央、省、市三级媒体系统大多已在技术上实现了移动传播优先，但在舆论“第一现场”却难以实现与受众的有效沟通。因此，顺畅抵达社会矛盾冲突的“第一现场”，实现有效沟通，这是打造新型主流媒体的第一准则。根据这一逻辑，大量党务政务部门纷纷选择直接入驻微博、微信、抖音、头条号等新媒体平台，力争与公众“面对面”进行沟通，以加强互信，消除误解。

由腾讯发布的《2015年度全国政务新媒体报告》显示，截至2015年底，我国政务微信公众号已逾10万，政务新媒体实现了突飞猛进的发展，政务公众号的阅读数突破“10万+”渐成常态，政务“双微”正在加快融合，平台矩阵已成为政务新媒体的发展趋势。[①]由腾讯研究院发布的《数字中国指数报告（2019）》指出，2018年我国数字政务整体水平又有稳步提升，数字政务服务的广度、深度和活跃度均有明显增长。数字政务指数较2017年增长了32%，数字政务服务正向“多服务汇聚、全流程在线”方向不断深化。“互联网+政务服务”这一让“群众跑腿”变为“数据跑路”的服务管理新模式，正被越来越多的政府部门所采用。我国的数字政务正由沿海向西部、北部地区纵深发展，呈现出“入口上移、服务下沉”的发展态势，对营商环境、区域经济的带动作用持续显现；同时，云计算在政府间的普及程度也在进一步加深，政务用云量大幅增长。[②]

人民网舆情数据中心发布的《2019年政务指数·微博影

① 参见《中国政务微信公号数量已突破10万》，中国新闻网，2016年1月18日。http://www.China news.com/cj/2016/01-1817/21824.shtml.

② 参见《腾讯研究院：2019数字中国指数报告》。https://www.useit.com.cn/thread-23402-1-1.html.

响力报告》显示，截至2019年12月，我国经过微博平台认证的政务微博已达179932个，其中政务机构官方微博138854个，公务人员微博41078个。在政务服务方面，政务微博继续强化政务新媒体的办事服务功能，立足工作核心职责，利用平台开放优势，积极发挥矩阵效应聚合办事入口，将服务范围向与群众日常生产、生活密切相关的各类民生事务不断扩大，服务效能全面升级，民众体验得到大幅提升。在舆情回应方面，当一系列社会事件发生后，更多类型的政务机构微博积极参与回应，直属部门或更高机构的出面，让发声更具权威性和说服力，也让社会看到了政务机构更多的责任和担当。在政务新媒体关停整合的背景下，全年度政务微博稳步前进，在原有基数上继续扩张规模，吸引了越来越多的机构和个人加入到政务微博阵营，参与社会的共治共享。①

由于政务“双微”中县、乡两级党政机构占比较大，这就有效弥补了县、乡两级党政机构媒体资源短缺、沟通效率低下的不足。今后仍应继续打造从中央、省、地市、县区、街道（乡镇）系统的“微政务”平台，各级党委、政府应在新闻发言人及相关团队基础上，建立起一支“微政务”管理团队，由该团队负责进行日常运行管理，完善信息获取、审查、授权发布以及回应网民关切、咨询和投诉等，同时根据信息发送数量、舆论回应速度、解决实际问题的数量和质量、与网民互动程度等多方面因素，逐步建立起相应的考核机制，从而使“微政务”平台真正成为沟通党委、政府与群众紧密联系的桥梁，成为提升党委、政府公信力和执政力的一块金字招牌。

① 参见《〈2019年政务指数·微博影响力报告〉发布》，人民网，2020年1月17日。http://yuqing.people.com.cn/n1/2020/0117/c209043-31553643.html.

2015年5月“湖南微政务”微信公众号正式上线。10月8日，湖南省网信办授权湖南日报社新媒体中心作为“湖南微政务”的运营主体，由该中心负责整合全省各政务资源，积极探索媒体融合发展新路径，拓宽政府与广大群众的沟通渠道。

该公众号力图打造平台级产品，它不仅提供新闻资讯，还提供网民生活服务信息。该公众号设有“湘微播”板块，其中内设了“政事聚焦”“成长故事”“图说潇湘”“市州表情”“厅局名片”“民生头等舱”和“悦读”7个栏目，栏目内容每周更新2—3次，遇到重大政策出台和社会热点问题时，还会开通访谈栏目，请相关部门负责人来演播室释疑解惑。

公众关注该公众号后，只需点击服务菜单，进入“微办事”和“微矩阵”栏目，便可进行医院挂号、缴纳话费等操作，其中个人服务事项有9项，企业服务事项有6项，真正实现了“一站式”办事。

该公众号还开通了“微互动”板块，网民可进行微评选、微公益和微举报。“湖南微政务”改版后，每天都有许多通过“我要问”栏目提问或留言，该公号及时将所提问题转交给相关部门办理和回复，实现了与公众的良好互动。

2011年11月17日，北京市政府新闻办在新浪网开设的“北京微博发布厅”正式上线。

“北京微博发布厅”上线后，传播效果非常明显。自11月17日15时上线到18日上午，就累计吸引了258万的粉丝，截至11月24日，“北京微博发布厅”的粉丝量达到近300万。其中，北京市公安局官方微博“平安北京”

原有粉丝198万，北京微博发布厅开设后立即新增粉丝2万多；北京市西城区政府官方微博“北京西城”粉丝量猛增6万多，成为“人气最旺”的一个政府部门。

党委、政府部门纷纷以平等心态和姿态与广大网民互动，用活泼明快的“网络体”语言你问我答，吸引粉丝关注，实现更高效、更精准传播，从而扩大了新闻发布的影响力。

目前我国出台“微政务”平台管理办法的地区不多，部分地区虽出台了相关的管理办法，但尚缺乏系统性、指导性和可操作性，因此各级、党委政府应尽早出台有关“微政务”平台运行、管理和考核的办法，将新闻发布工作的互联网思维真正落到实处。

## 二、运用新媒体进行发布

与传统媒体相比，平台媒体的优势主要体现在：采用算法和人工智能实现更高效和更精准的传播；具有技术吸纳和持续创新的活力；能迅速吸引和积累海量用户等。鉴于此，目前几乎所有的传统媒体都对微博、微信等平台媒体形成了高度依赖。

在网络新媒体环境下，党委、政府新闻发布工作面临着新技术普及过程中的一系列变革，包括官民沟通互动的理念、原则和策略的变化等。2009年，党委、政府网络新闻发言人制度在全国各地纷纷建立，引起人们的广泛关注。

自2009年9月1日起，贵州省贵阳市正式启动政府系统网络新闻发言人工作，由网络新闻发言人代表市政府对外发布网络新闻和政务信息，并就网络媒体和公众关心的问题进行答复。贵阳市为此专门出台的《政府系统网络新闻发言人工作方案（试行）》规定，“中国·贵阳”政府门户网站为该市网络新闻发布的第一平台，开设“贵阳市新闻网络发布平台”和“舆论监督回复专栏”，整合传统新闻发布会的信息资源，集中以视频、文字、图片等多种形式在互联网发布新闻信息，并以“网络新闻发言人”名义采取发帖、跟帖的形式对网络舆论进行回复。贵阳市政府还专门成立了由常务副市长为组长的市政府系统网络新闻发言人工作小组，统筹全市政府系统网络新闻发布工作，并要求各市、区、县及市政府各部门建立相应的网络新闻发布机构，相应子网站设立网络新闻发布和舆论监督回复栏目，以建立政府与网络媒体、群众之间快捷的信息沟通渠道。网络新闻发言人制度体现了政府主动面对社会和公众的态度。政府通过网络及时、主动、准确地发布权威消息，可以尽快澄清虚假和不完整信息，有助于正确引导网络舆论，从而进一步凝聚网民和“网力”，为贵阳树立改革开放和经济发展的良好形象，打造“中国避暑之都”的城市品牌，建设生态文明城市营造良好的舆论环境。

随着2010年“微博元年”以及2011年“政务微博元年”的相继到来，全社会对网络新闻发言人的讨论，迅速转向了对政务微博的关注。人们普遍认为，网络政务绝不仅仅是单纯的信息发布，也绝不仅仅是一个自说自话的网络平台，而应成为党委、政府解疑释惑、回应社会关切的重要渠道，成为党委、政府和公众进行互动交流的桥梁。

“政务微博指数排行榜”就是一个考量政府网络政务实际绩效和影响力的综合性榜单，它由人民日报根据政务账号在微博平台上的运营水平进行排名。

针对2019年1月1日—3月31日我国政务微博的运营

情况，人民日报发布了“2019年第一季度政务微博影响力排行榜”。该排行榜评价对象包括了全国所有通过微博认证的政务机构官方微博，其评价体系包括了四个维度，即传播力、服务力、互动力和认同度。根据该榜发布的数据，在第一季度全国各省（市）政务微博影响力排行中，排名前五位的分别是四川、江苏、安徽、山东和广东；从各省（市）拥有的“百强”账号数量来看，四川、山东、广东和安徽等省（市）拥有的“百强”账号相对较多，其中四川和山东各有9个账号进入“百强”，广东和安徽分别有8个和7个账号进入“百强”；在城市方面，成都蝉联城市政务微博竞争力冠军，青岛和深圳分别较2018年一季度分别上升了6个和4个席位，跻身城市政务微博竞争力前十。①

在相当长一段时间里，为保持权威性和严肃性，党委、政府新闻发布往往在遣词造句、口吻语气上都比较呆板，而在互联网时代，党委、政府发布新闻就必须改变过去这种发布方式，由“宣传模式”过渡到“对话模式”，视舆情发展需要实时跟进，不以权压人、以势压人，而应以平等的心态和姿态与网民互动，用活泼明快的“网络体”语言释疑解惑，从而减少公众不必要的误会，形成良性互动的政民关系。

创新新闻发布的手段和形式，就要对需要发布的内容进行科学分类，以方便阅读；更多地运用图像、图表、视频、动漫等多媒体形式，以吸引公众观众；经常性地更新“两微一端”内容，以保持活跃度；争取在第一时间回复网民质疑

① 《〈2019年一季度人民日报・政务指数微博影响力报告〉发布》，人民网，2019年5月22日。http://sh.people.com.cn/n2/2019/0522/c347221-32967961.html.

等。如此，才能增强网上信息传播的持久性，提升正能量，扩大新闻发布的影响力和传播力。

抖音等短视频近年来颇受网友热捧，为及时就热点事件与网民互动，不少党委政府将党务政务公号入驻抖音，他们利用短视频来回应社会热点、通报案情、展示文物和宣传景点等，收到了很好的传播效果。

从2017年上半年开始，政务类和媒体类账号陆续开始入驻抖音。截至2018年12月，抖音上共有5724个政务号和1334个媒体号。[①]无论是党委、政府部门还是各类新闻媒体，它们纷纷通过抖音来拓宽自己的受众人群，用全新表达方式来推动信息的快速传递。

2019年8月24日，在抖音创作者大会上，中央广播电视总台宣布《新闻联播》正式开设抖音号，入驻抖音。《新闻联播》官方抖音号开通仅一天，就发布了3条视频，收获了超过1300万的粉丝。截至当年10月，《新闻联播》粉丝量已达2093.1万，发布视频获点赞量达3349.4万。

图6-1 央视《新闻联播》官方抖音号数据一览

① 《抖音发布2018大数据报告 5724个政务号C位出道 获赞超43亿》，中国日报网，2019年1月31日。https://baijiahao.baidu.com/s?id=1624160285755643637&wfr=spider&for=pc.

2019年共青团中央官方抖音号“共青团中央”的自我介绍是：“没错，我就是团团”。该抖音号粉丝量为578.4万，发布的抖音视频获点赞量达1.3亿。其发布的“外国阅兵VS中国阅兵”的视频，点赞量高达2297.6万，转发次数为6.4万，评论次数达10万。

2019年重庆市公安局官方抖音号“平安重庆”粉丝量达419.4万，发布视频1365条，获点赞量达1.4亿次。其中一段女主播含泪播报四川地震后伤亡人数的视频，获点赞量达494.3万，转发2万次，显示出短视频在当今社会生活中所具有的巨大影响力。

## 三、建设高质量网评员队伍

由于网络舆论具有扩散性、从众性、情绪化和泛政治化等特征，很容易对群体事件产生推波助澜的负面作用，因此党委、政府进行新闻发布时，应充分发挥网络评论员的作用，通过他们来强化新闻发布的效果，稀释某些影响社会稳定的网络舆论，引导网络舆论向理性方向发展。

电影《战狼2》于2017年7月27日20时正式在全国上映，4小时后票房便超过1亿元人民币，25小时超过3亿元人民币，46小时超过5亿元人民币，上映5天突破了12亿元人民币，上映第一周的周末，就以合计1.27亿美元的全球票房成为同期全球影片票房榜冠军。10月26日，《战狼2》以56.81亿人民币的总票房收官，位列全球票房榜第55名。[①]

① 《〈战狼2〉：请记住，在你背后，有一个强大的祖国》，搜狐网，2017年8月1日。https://m.sohu.com/a/161414326_645054.

然而“片红争议多”，《战狼2》上映后，在受到广大观众热捧的同时，也不乏一些批评的声音，最初是中央戏剧学院某教师怒批该片有所谓“五大‘缺陷’”，接着又有律师指片中的中国护照是“违法”护照，更有某作家要求该片停止公映，导演吴京应就价值观等问题向孩子们道歉。

对此，主流媒体纷纷给予该片以很高的正面评价。人民日报于8月11日推出《用阳光心态品读“战狼”》的署名文章；央视《焦点访谈》于8月30日晚播出有关《战狼2》的专题报道；9月7日晚《新闻联播》再次推介《战狼2》。主流媒体的强势介入，在纷扰的舆论场起到了“脱敏”的作用。

党委、政府在甄选网评员时，应注意挑选那些具有扎实的文字功底，熟悉国家的法律法规，拥有实际工作的经验的人员，以确保网评员具有较高的整体素质。同时，还应做好网评员的档案库建设，以便其能随时登录各大网站与网民互动，提出理性、客观的意见和看法。

# 第五节
# 培养队伍，做到专业发布

在移动互联网时代，任何人都可以在网络上发布信息，而且这些信息可以借助“病毒式”传播方式得到迅速地扩散，从而影响到公众对党委、政府相关决策的理解和态度。因此建设一支专业的新闻发言人队伍，就显得尤为重要。

## 一、实现新闻发言人职业化

当前，由于某些党委、政府新闻发言人言行不当而成为舆论热点的新闻时有出现，导致这些新闻发言人备受争议的重要原因之一，就是他们的职业化和专业化程度不高。

2009 年 6 月 17 日中央人民广播电台“中国之声”报道，在河南省郑州市须水镇西岗村原本被划拨为建设经济适用房的土地上，竟被开发商建起了 12 幢连体别墅和两幢楼中楼。

据了解，郑州市政府于 2004 年将西岗村 41.761 亩土地划拨给了河南天荣置业有限公司建设经济适用房。在西岗村村民宋某提供的、由郑州市城市规划局发放的建设用地规划许可证上，“建设内容”一项也明确注明为“经济适用房”。然而几年过去了，天荣公司却从事起了违法建设。

宋某向该市规划局反映此情况，但规划局的态度却极为冷淡。“中国之声”记者获悉后，在市规划局信访接待日当天，拿着该局出具给宋某的《信访处理意见书》来到该局，却被告知无人接待。几经波折后，记者来到了主管信访工作的副局长逯某的办公室，将《信访处理意见书》递了过去。见意见书上有宋某名字，逯某便要求检查记者的采访设备，在拔掉采访机话筒后，他第一句话居然是：“你们广播电台管这闲事干什么？”当记者要求其对《信访处理意见书》进行解释时，逯某却反问记者：“你是准备替党说话，还是准备替老百姓说话？”逯某极不恰当的言论，引发了社会的广泛热议。

众所周知，媒体是党和政府的喉舌，党和政府的宗旨就是为人民服务，因此党和人民的利益从根本上讲是一致的，而在逯某眼里，党和群众却被视作了对立的双方，这显然是错误和荒唐的。

6月22日下午，郑州市政府新闻办发布消息称：该市市委、市政府对此高度重视，专门召开会议，迅速成立了以市监察局牵头，由组织、宣传、房管、国土资源和规划等部门组成的联合调查小组。调查小组已开展工作，将对此事进行全面调查。市规划局副局长逯某被停止工作，深刻反思，接受调查。

某些新闻发言人的错误观点和“雷翻”公众的答问，体现出的是傲慢与无知，暗含了某些官员潜意识里自认“高人一等”的心理，严重伤害了群众感情，影响了党和政府的公信力。随意“发言”不仅无助于疏导公众情绪，甚至还有可能疏离和恶化党群、干群关系，造成紧张和对立的社会氛围。

因此建设一支讲政治、懂政策、知情况、会说话、敢发声和善发声的高素质新闻发言人队伍，已成为党委、政府新闻发布工作向前推进的重中之重。

今后，应逐步建立起新闻发言人的职业准入制度，要选拔那些具有较高政治素质和政策理论水平，熟悉本地区、本部门和本单位工作业务，掌握新闻传播和媒体运作规律，并且具有较强沟通表达能力的人担任新闻发言人。对于涉及宏观经济、民生及社会关注事项较多的部门，则应尽快培养和设立专职的新闻发言人。

新闻发言人应经过正式的组织程序予以任免，党委、政府应为新闻发言人创造良好的工作环境、薪资保障和晋升通道，不可随意变动其工作，以使他们能全身心地投入到新闻发布的工作之中。

## 二、给予新闻发言人充分授权

新闻发言人如果没有被充分授权，就无法对所在部门的新闻发布工作作出整体规划和通盘考虑，也就无法在各部门之间统一口径。特别是面对突发性公共事件，如果新闻发言人既无法获得授权，又需要在新闻发布会上应对各种突发状况和刁钻问题，挑战和风险是可想而知的。

给予新闻发言人充分授权，就是要明确和规范新闻发言人发布新闻的标准，即：什么新闻可以发布，依照哪些程序发布，针对特殊情况应由谁来回应，以及明确新闻发言人的权利和义务等。各级党委、政府都应积极创造条件，让新闻发言人能够列席最高层级会议，阅读重要文件，参与重大事项的决策，以便新闻发言人能及时、全面地掌握重大政策的决策过程及相关信息，并获得发布相关信息的授权。同时也要建立容错机制，只要大原则不错，即使新闻发言人在信息发布过程中说错几句，也应给予一定的理解和体谅。

近年来，APEC会议余波、中美贸易摩擦、南海问题、D&G风波……在这些涉及中国国家利益的大事面前，外交部新闻发言人在新闻发布会中火力全开，凸显了新闻发言人的气魄与政治高度，这是新闻发言人被充分授权、从而达到最佳发布效果的最好印证。

在担任发言人将近4年期间（2016年9月至2020年6月），耿爽一直“金句”不断：

1. “你觉得可能吗？文质彬彬的中国外交官会强行闯入巴新外长的办公室？”

2018年11月19日，在例行记者会上，有记者问：“有报道称APEC会议期间，中方代表团成员曾试图闯入巴新外长办公室，甚至招来警察。你能否确认并评论？”耿爽答道：“你觉得可能吗？文质彬彬的中国外交官会强行闯入巴新外长的办公室？……事实上，中国与巴新方面一直保持着顺畅和有效的沟通。所谓强闯巴新外长办公室，纯属别有用心的人散布的谣言……”

2. “生气伤身体，不利于健康，经常生气，最终会害了自己。”

在2018年11月19日的例行记者会上，有记者问：“关于在巴新举行的APEC会议，似乎可以归纳为，美国声称支持自由贸易和WTO改革。中国反对美方提出的领导人宣言草案中的相关措辞。中美双方都不愿让步。这对中美两个大国之间的关系意味着什么？中美是否在争夺亚太地区的领导权？”耿爽答道：“美方似乎是怒气冲冲地出席了此次APEC领导人非正式会议。美方在会议期间的发言和表态，公然引入分歧，制造矛盾，破坏了会议的和谐气氛，也不利于大家达成共识、开展合作……生气伤身体，不利于健康，经常生气，最终会害了自己。”

3.“群众的眼睛是雪亮的。”

有记者在例行记者会上提问：“美国副总统彭斯……称美将为印太地区基础设施发展提供支持，承诺提供600亿美元基础设施融资，但不会提供附带限制条件的‘带’和单向受惠的‘路’。有媒体称美方上述表态含沙射影指责中国。中方对此有何评价？”耿爽答道：“不管美方出于什么目的作出这样的承诺，都是有利于帮助地区国家发展的，是件好事……群众的眼睛是雪亮的。国际社会肯定会十分关心、高度关注美方是否及如何兑现承诺的。”

4.“我们没有你想象的那么阴暗。”

有记者在例行记者会上提问：“澳大利亚和美国宣布将重建在马努斯岛的军事基地，该基地位于巴新境内。……中国是否会试图说服巴新，让其相信澳、美建设新的军事基地并不是一个好主意？”耿爽答道：“我们没有你想象的那么阴暗。中方对地区国家间发展正常关系、开展正常合作持开放态度。”

5.“注定是痴人说梦。”

在2018年11月22日的例行记者会上，有记者问：“美国白宫经济顾问委员会主席哈塞特表示，中国作为WTO成员‘行为不端’，并称要考虑是否把中国‘开除’出WTO。……中方对此有何评论？”耿爽答道：“WTO成员是平等的，也不是美国一家说了算的。美方个别人暗示将中国‘开除’出WTO，虽然注定是痴人说梦，但它也暴露出美方强权霸凌的嘴脸和唯我独尊的心态。”

6.“与其问我，不如去问中国普通民众。”

在2018年11月22日的例行记者会上，有记者问：“意大利时尚品牌D&G（杜嘉班纳）因设计师‘辱华’言论遭到中国民众抵制。当事人称相关言论是由于其社交账户被盗导致。你对此有何看法？”耿爽答道：“这个问题本质上不是外交问题，我们也不希望它上升为外交问题。所以我想，与其问外交部发言人，你不如去问问中国的普通民众，问问他们是怎么想、怎么看这件事的。”

## 三、协调党委与政府新闻发言人的关系

尽管党委新闻发布与政府新闻发布有一定区别，存在着不同的侧重和分工，但两者也有着密切的联系，遵循着共同的发布规律，它们共同服务于提升党委、政府的公信力，共同致力于构建社会主义和谐社会这个大的目标。因此两者之间要加强沟通协调，努力形成合力，既要防止出现越位发布、缺位发布、错失新闻发布和舆论引导最佳时机的现象发生，也要避免产生重复发布、多头发布、发布信息和对外口径不一致的问题。

打造“能说话”“会说话”的党委、政府部门，稳步推进党委、政府新闻发言人工作，不仅要找准党委新闻发布和政府新闻发布的“区分点”，明晰两者的“区隔度”，做好对外、对内的信息传播，而且还要完成“分工”和“分流”的工作，只有这样才能形成强有力的引导舆论的合力。

## 四、提高新闻发布的组织水平

党委、政府应努力提高新闻发布的组织水平，强化对日常新闻发布和突发事件新闻发布的筹组、评估、考核与督查，并将重点放在制度与机制建设、机构设置、人员配备和经费

保障等方面，以不断提升新闻发布的质量和水平。

因新冠肺炎疫情推迟两个多月后，十三届全国人大三次会议和全国政协十三届三次会议分别于2020年5月22日和21日在北京开幕。5月20日15时，全国政协十三届三次会议新闻发言人郭卫民通过网络视频向中外媒体介绍了本次大会的有关情况，并回答参会记者提问。记者与发言人进行了“隔空”问答，这是“两会”历史上首场采用网络视频形式举行的新闻发布会。

据全国政协十三届三次会议秘书处新闻组介绍，此举是“为有效防控疫情，共同维护公共卫生与健康”。由于此时境外疫情扩散蔓延势头尚未得到有效遏制，中国面临的防境外输入、防境内反弹任务很重，因此此次“两会”的新闻发布活动以及“代表通道”“委员通道”“部长通道”等活动，都采用了网络视频形式进行，数量也做了适当精简，记者采访主要是借助网络、视频和书面等形式进行。①

## 五、加强新闻发言人培训工作

各级党委、政府都应加强对新闻发言人的培训工作，应经常性地举办针对新闻发言人的各种专题培训，并将培训范围扩大到所有的党政领导干部，包括各地区、各部门和各单位“一把手”，要定期、不定期地组织开展新闻发布案例分析、经验交流、现场观摩、座谈讨论和理论研讨等活动，帮助新闻发言人了解政策、拓宽视野、掌握技巧，增强理论政

① 参见《全国两会将首次“远程”举行新闻发布会》，中国网，2020年5月20日。http://www.china.com.cn/lianghui/news/2020-05/20/content_76065080.shtml.

策的把握能力和新闻发布的专业素养。

对于那些需要在一线与群众打交道的党务政务人员，也应参加提升新闻发布能力的相关培训，不能让新闻发布仅仅成为新闻发言人唱的“独角戏”。有条件的地区，也可考虑与高等院校新闻传播学院联建“新闻发言人培训基地”，以使新闻发言人培训工作走上制度化和规范化的轨道。

一些发达国家对新闻发言人资质有着相当高的要求，以美国为例，从1929年（胡佛总统执政时期）至2013年（奥巴马总统执政时期），白宫共任命了29位新闻发言人，其中有16位是新闻记者出身或在媒体工作过（报社8位，通讯社3位，广播电视公司6位，还有一位先后在报社和电视台工作过）；广告界出身的有1位；其余12位都曾担任过联邦或州政府部门、议会的新闻发言人或媒体公关主管。①

可见，“跨媒体”和“跨界”早已成为新闻发言人的专业背景与核心竞争力，这对新闻发言人的自身素质提出了很高要求。

自1983年我国正式建立政府新闻发言人制度以来，以外交部发言人为代表的中央政府部门发言人已成为国内外媒体和社会大众了解政府信息的一个重要渠道。相对于中央国家机关新闻发言人制度的逐步健全完善，中国各地方政府的新闻发言人制度建设近年来才刚刚起步，在各地区的发展也不平衡，但推进速度很快，以上海、北京、南京、深圳、四川、

① 参见《百年白宫新闻发言人》，民主与法制网，2014年1月8日。http://www. mzyfz. com/cms/benwangzhuanfang/xinwenzhongxin/zuixinbaodao/html/1040/2014-01-08/content-944501.html.

重庆等地为代表的地方政府新闻发言人纷纷浮出水面，成为媒体和公众关注的焦点。

长期以来，我国党委、政府采取“以训带建”的方式对新闻发言人进行培训。国务院新闻办第一期全国新闻发言人培训班于2003年9月22日开班，共有66个部委的100多名新闻发言人参加了培训。国务院新闻办负责人、有关政府部门、清华大学以及新闻媒体的资深官员、专家学者，讲授了全球新闻传播与新闻发布、新闻发言人制度、新闻发布会的准备与媒体公关、面对媒体的语言艺术和心理技巧、新闻发布策划和案例分析等课程，并举行了模拟新闻发言人答记者问和专家点评，受到了参训人员的普遍好评。

2003年11月4日，第二期全国新闻发言人培训班开班，来自各省、自治区、直辖市以及部分省会和重点城市的77名新闻发言人和新闻官员报名参加了培训。

2004年5月17日，第三期全国新闻发言人培训班开班，来自国家部委、军队和地方政府的80多名新闻发言人和新闻官员参加了培训。2004年6月9日，国新办干部培训中心与美国时代华纳/特纳广播公司联合举办的新闻发言人研讨班开班。此后，类似的培训班每年都要举办1—2次。①

① 朱静：《扫描，新闻发言人培训》，《对外大传播》，2004年第7期。

# 第六节
# 坚守诚信，做到真实发布

习近平总书记指出，“真实性是新闻的生命。要根据事实来描述事实，既准确报道个别事实，又从宏观上把握和反映事件或事物的全貌”。[①]党委、政府新闻发布工作应将真实性作为首要原则，发布的信息必须经过认真核实，始终坚持讲真话、说真事、谈真理，发布真实信息，真诚引导，取信于民。

2019年3月以来，我国猪肉价格持续上涨，给各地居民的“菜篮子”增加了不少重量。事关民生需求和市场稳定，党中央、国务院对此高度重视，迅即出台了一系列兼顾当前和长远的政策，让养殖户和消费者吃下“定心丸”。

对于猪肉价格持续上涨的原因，商务部研究院流通与消费研究所助理研究员胡雪表示：从供应方面看，自2018年下半年起，受非洲猪瘟疫情等突发事件影响，猪肉市场价格不断下跌。猪肉价格下跌导致市场产量下降，特别是在东北和华北地区，猪价甚至屡屡低于成本价以

---

① 《总书记新闻舆论金句——真实性是新闻的生命》，人民网，2019年11月22日。http://yuqing.people.com.cn/n1/2019/1122/c430404-31470279.html.

下，成为去产能最严重的地区。随着我国猪肉产能的大量出清，猪肉价格必然会迎来全面上涨。

针对猪肉价格高位运行，商务部于8月29日举行了例行新闻发布会，有记者提问新闻发言人高峰："您如何看待猪肉后续价格走势？商务部又会采取哪些措施来维持市场供应？"高峰回答道："当前国内猪肉市场供应总体是有保障的。商务部将密切跟踪市场动态，会同相关部门适时投放中央储备冻猪肉和牛羊肉，增加肉类市场供应。同时，指导产销区建立稳定的购销协作关系，促进区域间产销衔接，畅通肉类供应渠道。……此外，我们还将按照市场化的原则，继续鼓励扩大猪肉进口。总之，我们将综合施策，确保国内肉类市场供应稳定。"

9月11日，国新办举行新闻发布会，邀请农业农村部副部长于康震和国家发展改革委、财政部、自然资源部、生态环境部、国家市场监管总局五部门有关负责人介绍稳定生猪生产、保障市场供应有关情况并回答记者提问。有记者问："猪肉涨价了，国家采取了哪些措施？"有关负责人明确回答道："国家对此很重视，研究并出台文件，稳定生猪生产，保障猪肉供应。"随后该负责人详细介绍了国家采取的诸如"落实价格补贴联动机制""向困难群众发放价格临时补贴"等各项措施。

面对猪肉涨价这一民生问题，党和政府并没有采取消极回避的态度，而是积极回应有关猪肉价格的各种疑问，同时从中央到地方、从政府到企业，围绕猪肉保供稳价的工作也全面展开。党和政府通过传统媒体、新媒体、新闻发布会等多种渠道，真实、主动地发布相关信息，积极回应社会关切，充分满足了公众的知情权。

2005年11月13日下午，吉林石化公司双苯厂一车间发生爆炸。截至14日，共造成5人死亡、1人失踪，近70人受伤。

爆炸发生后，约100吨苯类物质（苯、硝基苯等）流入松花江，造成江水严重污染，沿岸数百万居民的生活受到影响。爆炸导致松花江江面上产生一条长达80公里、由苯和硝基苯组成的污染带。污染带通过哈尔滨市，致使该市经历了长达5天的停水。

直至11月21日，哈尔滨市政府才向社会发布公告，谎称“要对市政供水管网进行检修”，全市停水4天。由于对停水原因进行了瞒报，致使有关停水的各种传言在市民中大规模流传，人们动用手机、电话和短信等方式相互告知，传言瞬间便传遍了城市的每个角落，整个哈尔滨被一种恐慌的情绪所笼罩。

面对种种不利于社会稳定的恐慌行为越演越烈，哈尔滨市政府不得不在公告发布的第二天，承认是因为爆炸引起了水污染，并指导公众应如何渡过困难期，广大市民的生活工作才逐渐恢复正常。①

需要指出的是，党委、政府新闻发布工作既要反对将党务政务神秘化，以“保守党和国家秘密”为由不公开本应公开的信息，也要防止将一切党务政务公开化，从而导致党和国家的机密泄露，危及国家利益和安全。

从国际上看，一些西方国家加紧对中国进行“分化”“西化”“打压”，中国崛起的外部环境并不太平；从国内来看，分裂势力以及邪教组织仍在进行颠覆和破坏活动，这一特殊

① 参见《中石油吉林石化双苯厂爆炸事故及松花江水污染事件》，安全管理网，2019年3月10日。http://www.safehoo.com/Item/1556690.aspx.

的国内外环境决定了我们要维护国家利益，就必须对一些关键信息进行保密，而不能无原则地、绝对地公开，因此在进行新闻发布时，必须要严守党的纪律和国家的法律法规，该说的说，不该说的坚决不说。

# 第七节
# 完善机制，做到联动发布

党委、政府在进行新闻发布活动过程中，应完善与发布活动有紧密联系的其他各类活动的运行模式。健全党委、政府新闻发布机制，除了要对其自身的构成要素进行研究外，还应对与其相关联的工作机制加以整体分析。

## 一、媒体应急机制

媒体应急机制主要包括以下内容：

1.重要信息汇集机制

各级党委、政府应指定专人和专门机构负责为新闻发布收集、研判舆情，提供答问口径；要努力改变舆情发生后单纯由宣传部门来处理的“本末倒置”的认识；涉事党委、政府部门作为当事人，应成为舆情处置的“第一责任主体”，要在第一时间梳理事件原委，认真研究，统一口径。如此，才能有效应对舆情，将问题化解在最初阶段。

针对突发性公共事件，除事件当事者应及时将事件信息报送当地党委、政府及应急处置部门外，还应根据发布工作的需要，及时将信息报送当地政府新闻办，以便新闻发布主管部门能及早介入，掌握情况，组织协调，引导舆论。

2.舆情收集研判机制

建立舆情信息监测系统，以及时、全面地收集和研判媒体、公众对本地区党委、政府工作的关注重点及意见，适时通过最佳新闻发布方式，把党委、政府的政策措施和工作部署发布出去，提高新闻发布的针对性。

在我国近年来出现的一些群体性事件中，有不少都是网民从认知和态度层面上升到实际行动层面，事态从小的舆情一步步发展到大的舆情，如2005年遍及全国的反日大游行，就是深圳和上海两个互不相识的16岁少年在网络上最先发起的；杭州“70码”飙车案发生后，网上有人呼吁“悼念死者”，结果一呼百应，很快就引发了一场万人街头烛光集会。

3.重大事件快速反应机制

对涉及本地区、本部门党务政务工作的重大事件和热点、敏感问题，应快速核实情况、制定口径、准确发布，以提高新闻发布工作的时效性。

2014年陕西省西安市曝出幼儿园喂食儿童处方药事件，由于各级政府快速反应和及时处置，最终使得该事件造成的不利影响被降到了最低。

3月10日，有家长通过微博反映陕西省宋庆龄基金会枫韵幼儿园给孩子服用不明药物，白色药片上面写着“ABOB”字样，查询后得知这是一种俗称“病毒灵”的广谱抗病毒处方药，主要用于治疗呼吸道感染和流感等，从而引起众多家长关注。服药事件不断发酵，3月12日，陕西省宋庆龄基金会鸿基新城幼儿园也发生了因幼儿服用该药造成家长聚集的情况。

枫韵幼儿园法人代表孙某称，2012年禽流感高发期时曾给孩子们吃过“病毒灵”，今年保健医生再次给孩子用了这个药。但有家长称，按幼儿园收费办法，如幼儿缺勤，园方便要给家长退费；如缺勤超过10天，就要退掉一半的费用。园方是为确保孩子不生病，保证出勤率，才给孩子服药的。后据媒体采访披露，园长承认给孩子服药的目的，确实是为了预防病毒感冒，保证出勤率。

3月11日下午，西安市政府有关负责人来到幼儿园与家长沟通，表示幼儿园不仅违规，还涉嫌违法，指示冻结枫韵幼儿园资产，家长可与幼儿园法人代表协商后续赔偿问题，也可进入法律程序。

3月12日19时30分，部分家长将西安市科技路与丈八路封堵，该市主要负责人立即赶到现场紧急处置，使事态得以控制。

同日，陕西省委要求西安市政府彻查此事，将结果迅速向社会公布，对服药儿童全部免费治疗检查，并做好家长工作；陕西省教育厅会同西安市研究制定有力措施，组织全面排查，从维护孩子健康出发，妥善处理；对相关责任人要严肃处理，将调查处理情况及时公布。

3月13日，西安市政府通报称，经核实，网络所传幼儿园负责人的爱人为某区政府领导的消息不属实。涉案两所幼儿园的法人代表孙某及枫韵幼儿园执行院长赵某、枫韵幼儿园保健医生黄某、鸿基新城幼儿园园长梅某、副园长赵某某等5人，已被公安部门以涉嫌非法行医罪刑事拘留。

3月18日，教育部、国家卫计委发布《关于陕西、吉林两地个别幼儿园违规开展群体性服药事件的通报》称：陕西省西安市宋庆龄基金会枫韵幼儿园和鸿基祥园幼儿园、吉林省吉林市高新区芳林幼儿园违规给幼儿集体服用处方药品“病毒灵”，严重违反有关管理要求，造成严重的社会影响，有关部门正在依法依规进行查处。通报要求任何单位或个人不得擅自或越权组织幼儿及中小学生群体服药。通报指出将立即组织力量开展幼儿园及中小学校健康服务管理的拉网式排查，重点检查行政区域内幼儿园是否有违规组织幼儿群体服药的行为，并于4月10日前完成全部排查工作。

3月19日，国务院总理李克强对个别地区发生幼儿园违规给幼儿集体服用处方药事件作出批示，要求依法查处，严格管理，严防类似事件发生。

4.媒体服务机制

应确定专职人员联络媒体记者，收集分析舆情，撰写发布材料，拟定答问口径，组织策划活动，与相关部门进行沟通协调，同时还应做好媒体记者的信息服务、协调服务和后勤服务等。

新闻发言人可根据自己掌握的舆情，将群众最想知道、最想解决的问题，事先准备好答案，从而达到新闻发布会的预期目的。

2014年12月31日23时35分，许多游客、市民聚集在上海市黄浦区外滩迎接新年，外滩陈毅广场东南角通往黄浦江观景平台的人行通道阶梯处底部有人失衡跌倒，继而引发多人摔倒、叠压，致使拥挤踩踏事件发生，共造成36人死亡，49人受伤。①

2015年1月21日，上海市公布12·31外滩拥挤踩踏事件调查报告，认定这是一起对群众性活动预防准备不足、

① 参见《上海外滩踩踏事件已造成36人死亡49人受伤》，中国新闻网，2015年1月2日。http://www.china news.com/gn/2015/01-02/6930238.shtml.

现场管理不力、应对处置不当而引发的拥挤踩踏并造成重大伤亡和严重后果的公共安全责任事件。黄浦区政府和相关部门对这起事件负有不可推卸的责任。调查报告建议对包括黄浦区委、区政府主要负责人在内的11名党政干部进行处分。

在同日举行的新闻发布会上，《解放日报》记者提问："我们想了解，目前伤者救治情况如何？有传言说危重病人全靠插管维持生命体征，一旦去除设备就会死亡，官方是为了将死亡人数维持在现有数字。请问消息是否属实？"应该说这两个问题是群众非常关心的问题，而且后一个问题还很尖锐。但因早有准备，新闻发言人的回答却很流畅："据我们向卫生计生部门了解，在市委市政府统一部署下，市卫生计生委已经集中全市优质医疗资源，全力做好伤员救治工作。截至1月21日上午8点，49名伤者中已有46人经诊治后出院，3人继续在院治疗，其中重伤员2人。卫生部门组织市级专家组和收治医院多学科专家全力救治，并根据病情需要实施心肺功能支持技术等救治措施。目前一名重伤员仍处于昏迷状态，生命体征不稳定，病情危重，仍在全力抢救治疗中。另外一名重伤人员生命体征稳定。我们每天会向社会公布最新的医疗救治情况。"如此回答较好地回应了群众关切的问题，避免了谣言的传播。

## 二、口径统一机制

"口径"准备的表述的统一是新闻发言人发言准备的基础，"口径"统一了，新闻发言人的表述就不会出现与分管领导和相关部门互相矛盾的情况，也才能确保党委、政府作为最权威信息发布者的地位。



2011年9月9日15时10分，湖南省邵阳市邵阳县发生了一起沉船事故，一艘船号为“湘邵阳县K0018”的客船在行至该县芙夷河塘田市码头下行2公里至向荣村地段时，被滞留在河里挖沙船的钢丝绳绊住，造成客船侧翻下沉，多人死伤。

事故发生后，有网友在微博和网络论坛上发帖称：“船上乘客有八九十人，死伤人数达到了数十人。”这一网帖被不断转发，很快便形成网络舆情热点。然而与此同时，邵阳县官方发布的乘客及伤亡数字却在不断变化，从9日下午最初发布的“乘客39人，死亡8人”，到后来发布的“乘客45人，死亡11人”，再到10日18时发布的“乘客50人，死亡11人”，由于“口径”不一，发布的数字前后矛盾，引起了媒体和公众的强烈质疑，致使政府部门遭遇严重的信任危机。

那么，客船的实载人数和遇难人数为何会一变再变呢？该县有关负责人表示，这是因为客船搭载的人员大多是当地学生，政府部门主要是通过学校和村里展开摸底调查，由于下面反映上来的数据不太准确，所以才导致了他们对外发布的数据不准确。

党委、政府部门在举行新闻发布前，必须要明确以下几点，即：“口径”拟定和审核的各级负责人；“口径”索取和提交的程序和形式；“口径”的终审和批准的权力及级别等；并且要把建设“口径库”作为一项长期的工作由专人负责维护管理，从内容和技术上保障新闻发布的正常进行。

### 三、适时发布机制

党委、政府应建立新闻适时发布机制，根据所发布新闻的性质、类型、影响程度和范围，来确定采取何种形式进行发布，并据此确定参加新闻发布的媒体范围和具体名单。

地方性新闻发布，可重点选择区域内主流媒体和都市类媒体参加发布会；在全国有一定影响的新闻发布，可邀请中央主流媒体和网络媒体参加发布会；涉外新闻发布，可重点选择主流媒体和外宣媒体参加发布会。

建立适时发布机制，既可对进行发布的媒体加以有效规范，也能够有效提升各媒体在突发事件中的应对能力和专业素养。

### 四、网络监管机制

网络很容易成为谣言和虚假信息的聚合之所，如果不对网络舆论加以积极引导，就很有可能会造成不可估量的社会影响。在突发事件发生、发展和处置过程中，党委、政府应加强对网络信息的监管，并运用各种技术手段和法律规章来净化网络空间，规范网络传播秩序，防止因虚假信息、谣言猜测和恶意炒作误导了舆论，干扰了舆情处置工作。

2018年10月28日上午，重庆青年报官方微博发布视频消息称，当日上午，万州区长江二桥发生重大交通事故，一辆大巴车被撞后冲破护栏坠入长江，疑有重大伤亡。目前伤亡情况不详，政府正在组织救援。据传，事故系一女司机驾驶的红色私家车桥上逆行所致。随后，新京报网也刊发了《重庆万州大巴坠江前曾与逆行轿车相撞》的报道，称该报记者从万州区应急办获悉，大巴车坠江前曾与一小轿车相撞，事故系小轿车女车主驾车逆行所致。

10月28日12时03分和17时46分，重庆市公安局万州区分局官方微博“平安万州”两次发布通报称：28日上午10时08分，一辆公交客车与一辆小轿车在万州区长江二桥相撞后，公交客车坠入江中。经初步调查，系公交客车在行驶中突然越过中心实线，撞击对向正常行驶的小轿车后冲上路沿，撞断护栏，坠入江中。

由于网络传言及一些媒体引用了错误消息，肇事原因被归咎于女司机头上，从而给她及家人造成了很大困扰。

## 五、多方合作机制

党委、政府新闻发布应建立一套反应灵敏、快速有效的应急管理联动机制，使新闻发布的内容管理和技术安全管理等能够同步推进，以及时发现重大敏感舆情，并能迅速进行有效处置。尤其是在突发事件发生后，只有多方联动合作，才能够提高舆情事件的解决效率，减缓重大突发事件所造成的负面社会影响。

自2018年5月28日起，“天价片酬”“阴阳合同”与“明星偷逃税”等一时成为网上热议话题。

6月3日，国家税务总局网站发出通报称：针对网上反映有关影视从业人员签订“阴阳合同”中的涉税问题，税务总局高度重视，已责成江苏等地税务机关依法开展调查核实，如发现违反税收法律的行为，将严格依法处理。6月27日，中宣部、文化和旅游部、国家税务总局、国家广播电视总局和国家电影局等联合印发《通知》，要求加强对影视行业“天价片酬”“阴阳合同”和偷逃税等问题的治理，以促进影视业的健康发展。10月3日，范冰冰通过微博发布《致歉信》，表示自己“进行了深刻的反思、反省”，对“所作所为深感羞愧、内疚”。

对此，人民日报微信公众号发表评论称：“执法机关与公共舆论形成合力，再次让公正得以彰显，让法制的力量涤荡社会每一个角落”。①

## 六、责任追究机制

对于在党委政府新闻发布过程中忠于职守、认真负责、应对得当的单位和个人，要给予表彰奖励；对那些迟报、漏报、误报、谎报、瞒报重要舆情，或是不发言、发空言、乱发言，或是阻挠媒体记者正常采访，或是因为胡乱发布而造成重大社会影响与严重后果的单位和个人，则应予以严肃追责。

重大突发事件和涉及国家利益、民生问题等事件，在确保及时回应和解决问题之后，应将责任追究提上日程，给公众一个交代，以维护党和政府形象，为新闻发布工作的进一步开展提供便利。

2009年1月28日，24岁男子李某因涉嫌盗伐林木罪，被云南省昆明市晋宁县警方刑事拘留，羁押于县看守所。羁押期间，同监室在押人员张某等人以李某是新进所人

① 《范冰冰“阴阳合同”案：法律面前没有例外》，中国法院网，2018年10月3日。https://www.china court.org/article/detail/2018/10/id/3519697.shtml.

员等为借口，多次用拳头、拖鞋等对他进行殴打，致使其头部、胸部多处受伤。2月8日17时许，张某等人又以“玩游戏”为名，用布条将李某眼睛蒙上，对他进行殴打，致其头部撞击墙面后倒地昏迷，后经送医抢救无效，李某于12日死亡。案发后，张某等人为逃避罪责，共谋编造了李某是在玩“躲猫猫”游戏过程中头部不慎撞墙致死的虚假事实，而县公安局在未进行深入调查取证的情况下，竟听信了张某等人的说辞，对外公布了李某是在游戏中不慎死亡的假消息。此事经媒体报道后，在网上迅速发酵，众多网民纷纷对此表示质疑。

事件成为网络热点后，云南省委宣传部迅速组织事件真相调查委员会，面向社会邀请网友和各界人士参与调查。

2月27日下午5时，云南省政府新闻办举行新闻发布会，就李某在晋宁县看守所死亡一事进行通报。发布会上，作为新闻发言人的晋宁县政法机关干部面对真相调查委员会委员的提问，表现出了不少失误，如县公安局副局长在回答提问时多次使用绝对化的语言，当自己无法自圆其说时又强词夺理、态度蛮横；县检察院检察长在回答有关尸检报告和干部追责等问题时，思路混乱、表述不清。这场新闻发布会不仅没能收到回应舆情的效果，反而造成了更加恶劣的社会影响。后经云南省检察机关调查，事实与该县新闻发布会通报的结论大相径庭，该县相关领导和看守所有关负责人也因此受到了行政处分。

# 第八节
# 精准发力，做到有效发布

党委、政府新闻发布工作必须始终坚持以习近平新时代中国特色社会主义思想为指导，不断提升科学化和实效化水平。

党委、政府新闻发布的主要目的与价值大致体现在这么几个方面：一是创新发展理念，优化治理体系；二是宣讲方针政策，提升执政效能；三是主动公开信息，满足社会关切；四是有效引导舆论，维护社会稳定。这几个方面做得好不好、做得到不到位，实际上是检验党委、政府新闻发布工作是否真正有效的一杆标尺。

从发布对象上看，党委、政府新闻发布应对于周知性信息进行广泛发布、立体发布和及时发布，使广大群众能够快速、完整地获得信息；对于针对性很强的信息，还应定点发布、专项发布和精准发布。

从发布方式上看，除了常规渠道和方式，还应积极与社会媒介合作，利用大数据和智能化技术进行精准推送。

从发布环节上看，应建立信息发布效果的动态监测和反馈机制。面对新媒体时代网络舆情的来势汹汹，对党委政府新闻发布工作的考核也应注重科学量化，比如不仅要将新闻发布会的次数、新闻发布内容的数量等作为考核指标，也要关注转发数、评论数和粉丝数等在网络环境下更具价值的指标参数。

从发布考核上看，在日常新闻发布与突发事件新闻发布结束后，都应认真进行评估，总结经验教训，以利于今后不断改进策略，提高发布质量。

从发布管理上看，应设置专人负责公众投诉处理，并在规定时间内给予回复。应将日常考评和年度考核纳入到党委、政府新闻发布的规范之中，将是否提高了公共服务、是否解决了公众诉求等也列为考评重点。

总之，党委、政府新闻发布工作既要坚持问题导向，也要坚持效果导向，要采取各种切实有效的措施，增强新闻发布的准确性和实效性，以不断提升党委、政府社会治理水平的现代化和科学化。

# 主要参考文献


## 一、专著

1. 刘建明，纪忠慧，王莉丽. 舆论学概论[M]. 北京：中国传媒大学出版社，2009.

2. 邹建华. 突发事件舆论引导策略：政府媒体危机公关案例回放与点评[M]. 北京：中共中央党校出版社，2010.

3. 李彪. 舆情：山雨欲来——网络热点事件传播的空间结构和时间结构[M]. 北京：人民日报出版社，2011.

4. 刘上洋主编. 中外应对网络舆情100例[M]. 南昌：百花洲文艺出版社，2012.

5. 曾胜泉编著. 突发事件舆情应对指南[M]. 广州：南方日报出版社，2013.

6. 人民网舆情监测室. 如何应对网络舆情：网络舆情分析师手册[M]. 北京：新华出版社，2013.

## 二、期刊论文

1. 刘金峰. 完善党委新闻发言人制度的路径选择[J]. 安徽商贸职业技术学院学报（社会科学版），2011，10（3）：15-19.

2. 周宗顺. 试论党委新闻发言人制度的建立和完善[J]. 中共青岛市委党校·青岛行政学院学报，2011（4）57-61.

3. 王洪树，董学. 中国共产党党委新闻发言人的学理探究[J]. 毛泽东思想研究，2012，29（4）：132-136.

4. 路月玲. 我国党委新闻发言人制度研究综述[J]. 广州社会主义学院学报，2013（3）34-39.

5. 吕美琛. 建立群体性事件舆论引导机制探析[J]. 学术论坛，2013（9）182-186.

6. 高云微.2003—2012 年中国政府新闻发言人制度研究报告[J]. 新媒体与社会，2013（2）27-55.

7. 高杰，杨剑. 安徽省“微政务”发展策略研究[J]. 成都师范学院学报，2015，31（10）：102-106.

8. 季萌. 党委新闻发布和新闻发言人制度浅析[J]. 对外传播，2016（6）41-42.

9. 博约科技.2016 安徽政务“双微”排行榜[J]. 决策，2017（1）38-40.

10. 仇婷婷. 安徽天柱山官方新浪微博营销内容分析[J]. 绿色科技，2017（1）168-172.

11. 侯迎忠. 新媒体时代政府新闻发布制度创新与路径选择[J]. 暨南学报（哲学社会科学版），2017（4）118-132.

12. 许海龙. 安徽政务新媒体建设发展路径研究——以安徽发布、安徽省人民政府发布为例[J]. 新闻世界，2017（10）39-41.

13. 宋珂. 地方政府主题新闻发布圈层传播探析[J]. 中国广播电视学刊，2018（4）50-52.

# 后　记

本书初稿由安徽师范大学新闻与传播学院朱晓凯编写。

二稿由安徽师范大学新闻与传播学院朱晓凯（第一章、第二章）、马星宇（第三章）、朱罗莎（第四章、第五章）和田超（第六章）分别进行修改、整理和完善，由朱晓凯负责最终统稿。

安徽师范大学新闻与传播学院硕士研究生周宗龙、高梦楠、包栩、章颖、蒋子冰、何艳霞、朱敏，张玉、张继婷、李雅静、蒋聪、刘兵、马婉君、李雨婕、张梅花、吴金金等参与了本书的文字整理工作。

安徽省委宣传部副部长、省政府新闻办公室主任郑明武，共青团安徽省省委副书记胡靖，安徽师范大学新闻与传播学院执行院长杨柏岭等相关领导对于本书的出版给予了大力支持。

对以上所有领导、老师和同学付出的努力和给予的帮助，在此一并表示衷心感谢。

朱晓凯

2021年1月于芜湖碧桂园